电力线路运行检修与施工

陈振棠　方　林　主　编
于燕平　梁　革　副主编
　　　　吕盛刚　主　审

西南交通大学出版社
·成　都·

图书在版编目（CIP）数据

电力线路运行检修与施工 / 陈振棠，方林主编. — 成都：西南交通大学出版社，2020.9（2024.7重印）

高等职业教育轨道交通类铁道供电技术特色专业系列教材　全国行业紧缺人才、关键岗位从业人员培训推荐教材

ISBN 978-7-5643-7633-8

Ⅰ. ①电… Ⅱ. ①陈… ②方… Ⅲ. ①电力线路－高等职业学校－教材　Ⅳ. ①TM75

中国版本图书馆 CIP 数据核字（2020）第 170518 号

高等职业教育轨道交通类铁道供电技术特色专业系列教材
全国行业紧缺人才、关键岗位从业人员培训推荐教材
Dianli Xianlu Yunxing Jianxiu yu Shigong
电力线路运行检修与施工

陈振棠　方　林　主编	责任编辑 / 张少华
	封面设计 / 吴　兵

西南交通大学出版社出版发行
（四川省成都市金牛区二环路北一段 111 号西南交通大学创新大厦 21 楼　610031）
发行部电话：028-87600564　028-87600533
网址：http://www.xnjdcbs.com
印刷：成都中永印务有限责任公司

成品尺寸　185 mm×260 mm
印张　8.25　字数　205 千
版次　2020 年 9 月第 1 版　印次　2024 年 7 月第 2 次

书号　ISBN 978-7-5643-7633-8
定价　25.00 元

课件咨询电话：028-81435775
图书如有印装质量问题　本社负责退换
版权所有　盗版必究　举报电话：028-87600562

前　言

随着中国电气化铁道事业蓬勃发展，大量的新技术、新设备和新工艺取得重大发展。目前，中国已成为世界上高速铁路营运里程最多、运营速度最高、在建高速铁路规模最大的国家，并在高海拔铁路、机车车辆装备、高速客运专线、既有线改造提速、铁道供电技术等方面达到了世界先进水平。

为了满足铁路运行、检修和施工等相关单位的人才培养需要，为了提高相关从业人员的技术业务素养，依据铁道供电行业指导委员会制定的相关课程标准，我们编写了本教材。本书共分为六个情境：情境一主要介绍电力线路中电杆施工作业的相关知识，让学生对电力线路工岗位作业流程有初步的认知，如登高作业的步骤、电杆及相关金具的内容等；情境二主要根据现场拉线制作的工艺流程，让读者进一步学习电力线路工必须要掌握的操作技能；情境三通过介绍常见电力设备的检修流程，让读者逐步掌握中级电力线路工所必须具备的操作技能和理论知识；情境四介绍了电力电缆线路的基本知识和检修任务；情境五介绍了高铁电力线路的岗位职责，并提出各种线路、设备巡视的相关规定和内容；情境六根据企业对人才能力的需求，提出让读者掌握触电急救相关理论知识，并能在相关实操课程里通过亲自动手、训练和考核，真正达到能熟练操作技能。

本书由柳州铁道职业技术学院陈振棠和方林担任主编，柳州铁道职业技术学院于燕平和中国铁路南宁局集团有限公司柳州供电段梁革担任副主编，柳州铁道职业技术学院吕盛刚担任主审，全书由陈振棠负责统稿工作。其中，陈振棠编写情境一；方林编写情境二、情境三；于燕平编写情境四、情景六；梁革编写情境五。

由于时间仓促且编者水平有限，书中难免存在不妥之处，诚恳希望各位专家、同仁和读者批评指正。

编　者
2019 年 4 月

目 录

情境一 电杆上的施工作业 ·· 1
    项目一 认识电力线路的组成 ·· 1
    项目二 检查电杆上横担安装所需的设备 ·································· 13
    项目三 横担安装作业内容实施 ·· 18

情境二 拉线制作及安装 ·· 23
    项目一 分解拉线 ·· 23
    项目二 组装拉线 ·· 26

情境三 电力线路设备检修 ·· 32
    项目一 检测电力变压器 ·· 32
    项目二 检调高压断路器 ·· 53
    项目三 检调高压隔离开关 ·· 62
    项目四 检调高压熔断器 ·· 66
    项目五 检调避雷装置 ·· 71

情境四 电缆线路设备检修 ·· 75
    项目一 绝缘电缆线路的施工 ·· 75
    项目二 绝缘电缆线路的检修 ·· 96

情境五 高铁电力线路运行与检修 ·· 100
    项目一 高铁电力线路的岗位作业标准 ···································· 100
    项目二 高铁电力线路的巡视 ·· 105
    项目三 高铁电力线路设备的检修及试验 ·································· 110
    项目四 隧道照明设备巡检 ·· 116

情境六 触电急救 ·· 120

参考文献 ·· 126

情境一 电杆上的施工作业

项目一 认识电力线路的组成

任务一 认识电力线路的分类

一、按电压等级分类

目前,我国采用的各种不同电压等级线路,交流有 3 kV、6 kV、10 kV、35 kV、66 kV、110 kV、220 kV、330 kV、500 kV、750 kV、1000 kV;直流有 ±500 kV、±800 kV。我国电力线路按电压等级的分类情况,如表1.1所示。

表1.1 电力线路按电压等级分类

序号	电压等级	分类
1	AC 1 kV 以下	低压配电线路
2	AC 1~10 kV	中压配电线路
3	AC 35 kV	高压配电线路
4	AC 110~220 kV	高压输电线路
5	AC 330~750 kV	超高压输电线路
6	AC 1 000 kV、DC ±800 kV 及以上	特高压输电线路

电力线路通常采用高压输电,这样可减少线损,降低线路基建投入,减少土地使用,使线路走径得到充分利用。在我国特高压电网建设中,以 1 000 kV 交流特高压输电为主形成了国家特高压骨干网架,以实现各大区域电网的同步联网;另有 ±800 kV 特高压直流输电主要用于远距离大容量输电。我国 1 000 kV 交流特高压试验示范工程——晋东南-南阳-荆门 1 000 kV 输电工程,于 2006 年 8 月 19 日开工建设,历时两年多,于 2009 年 1 月 16 日正式投运,线路全长约 650.677 km。

我国的直流输电技术发展非常迅速,1989 年,中国首个高压直流输电工程——±500 kV 葛洲坝至上海直流工程投运,输电距离 1 046 km,最大传输功率达 1 200 MW,如图 1.1 所示为 ±500 kV 葛洲坝至上海直流工程换流站。近二十年来,随着清洁能源比例迅速增长,电能生产与负荷中心间的空间距离不断增大。为此，中国电网先后建成并投运了高压直流输电工程 29 个，包含 7 个 ±800 kV 特高压直流输电工程，将大量西部地区能源输送至东部负荷中心，有效解决了西部水电、风电、光伏等清洁能源开发、输送和消费的问题，产生了巨大的经济和社会效益。

图 1.1　±500 kV 葛洲坝至上海直流工程换流站

二、按电力线路在电力系统中的作用分类

按电力线路在电网中的作用，电力线路分为输电线路和配电线路。

1. 输电线路

输电线路是架设在发电厂升压变电所与地区变电所之间的线路以及地区变电所之间的线路，用于输送电能。众多输电线路组成输电网。输电网是将众多电源点与供电点连接起来的主干网及不同电网之间互送电力的联网架。输电网是电力的主要传输工具和电力的主要交换工具，凡大型电源节点和负荷点都直接与输电网连接。因而输电网是电力系统安全、经济及优质运行的基础。如图 1.2 所示为电力系统结构示意图。

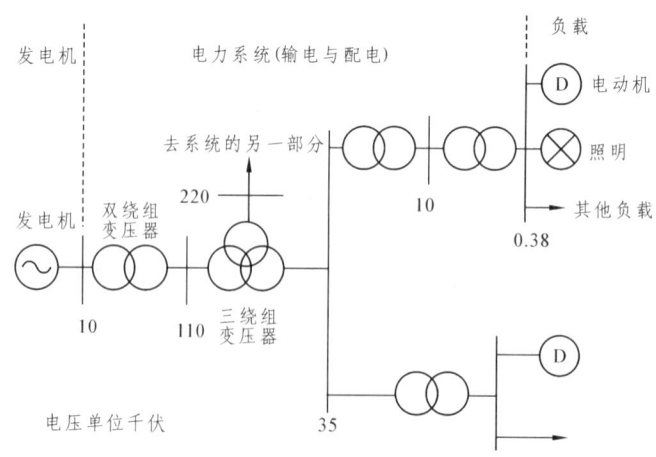

图 1.2　电力系统结构示意图

2. 配电线路

配电线路从地区变电所到用户变电所或城乡电力变压器之间的线路，用于分配电能。众多配电线路组成配电网。配电网由配电变电所、高中压配电线路（1 kV 及以上）、配电变压器、低压配电线路（1 kV 以下）以及相应的控制保护设备组成，如图 1.3 和图 1.4 所示。

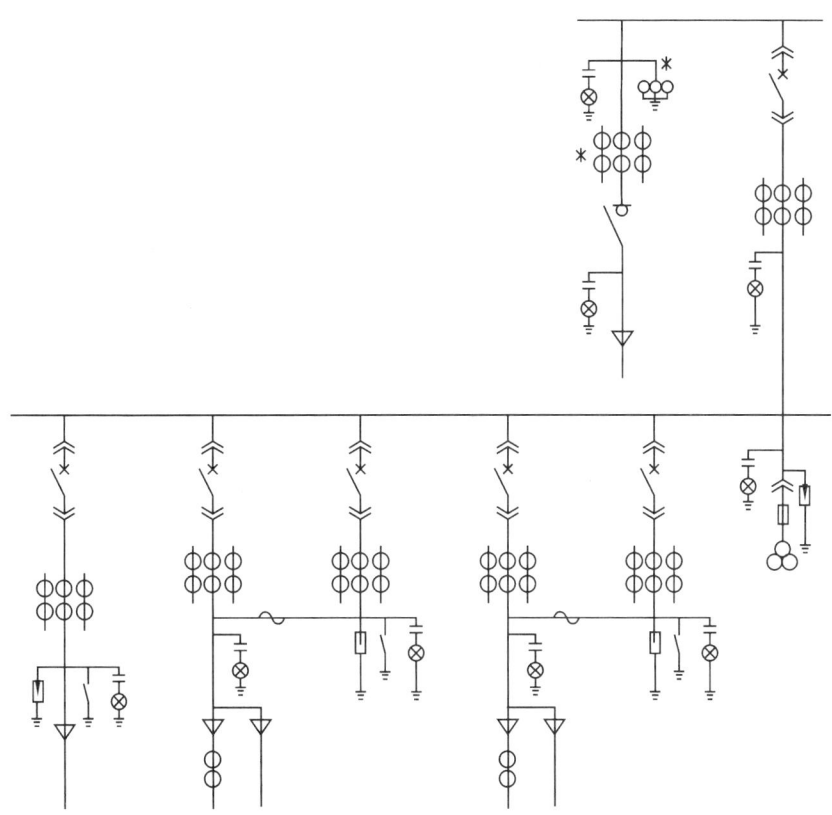

图 1.3　10 kV 配电网结构图

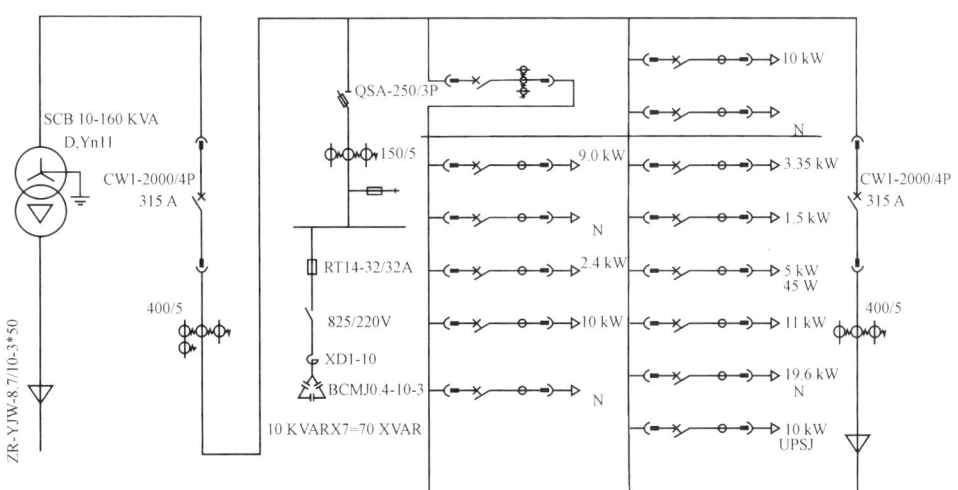

图 1.4　0.4 kV 配电网结构图

三、按电力系统接线方式与特点分类

电力系统的接线方式分为无备用接线和有备用接线两类。其中无备用接线包括单回放射式、树干式,如表 1.2 所示。

表 1.2　电力系统的接线方式为无备用接线

序号	接线方式	接线结构	知识点
1	单回放射式		单回路放射式接线只有一个电源,供电可靠性低。
2	树干式		(1)优点是电源出线回路少,供电线路总长度短,有色金属和配电设备的用量较少,投资较小。 (2)缺点是供电可靠性不高,干线故障或检修时将导致全部用户断电。

1. 放射式

放射式接线是指从变电所母线向各用户分别引出专用线路,直接向用户供电,线路上不连接其他用电设备。放射式接线的优点是供电线路相互独立,线路运行互不影响,任一线路发生故障时,都不影响其他线路的正常运行,操作维护方便;继电保护简单,易于实现自动化。缺点是电源出线回路多,设备用量大,投资大。

2. 树干式

干线式接线是指从变电所母线引出一回供电干线,沿着干线分接一般不超过 5 个用户。干线式接线的优点是电源出线回路少,供电线路总长度短,有色金属和配电设备的用量较少,投资较小。缺点是供电可靠性不高,干线故障或检修时将导致全部用户断电。

3. 环　式

(1)环式接线是指两个及以上的用户,彼此联络后共同由两路电源供电,如图 1.5 所示。环式接线其实是干线式接线的改进,两路干线式线路连接起来就构成环式线路。环式接线的优点是设备用量较少,投资较小;各电源线路的途径不同,不易发生故障,供电可靠性高;运行灵活。缺点是故障时经过线路切换,部分用户的供电线路变长,电压损失增大;两回线路的导线截面均应按故障时负担环网全部负荷考虑,有色金属消耗量较大。

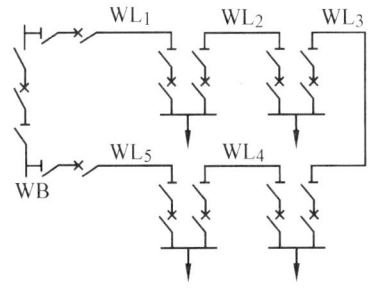

图 1.5 环式接线

（2）环式接线有开环运行和闭环运行两种运行方式。开环运行是将环路中用户之间的联络线断开，两路电源各带一部分负荷运行，闭环运行是将环路中用户之间的联络线接通，各用户由两路电源共同供电。闭环运行时的继电保护装置较为复杂，一般多采用开环运行方式。开环点的选择原则是：正常运行时，两路干线负担的容量尽可能接近，所用导线截面相同；或者将开环点设在较重要的负荷处，并在开环断路器上配备自动装置。

有备用接线包括双回放射式、树干式、环式，如表 1.3 所示。

表 1.3 电力系统的接线方为有备用接线

序号	接线方式	接线结构	知识点
1	双回放射式		（1）双回路放射式接线有两个电源，供电可靠性高。 （2）双回路放射式接线中的母线分段隔离开关 QS 也可换成断路器，以实现自动切换，提高供电可靠性。
2	树干式		—
3	环式	（见后文）	—

四、按电力线路的结构分类

电力线路按结构可分为架空线路和电缆线路两类。

1. 架空线路

架空线路是利用杆塔架空，敷设裸导线的户外线路。架空线路的特点是投资少、易于架设,维检修方便,易于发现和排除故障;但它要占用地面位置,有碍交通和景观,且易受环境影响,安全可靠性较差,如图 1.6 所示。

2. 电缆线路

电缆线路是利用电力电缆敷设的线路。电缆线路与架空线路相比,虽然具有成本高、不便维修、不易发现和排除故障等缺点,但具有运行可靠、不易受外界影响,不需架设杆塔、不占地面、不妨碍交通和景观等优点,特别是在有腐蚀性气体和易燃易爆场所,以及需要防止雷电波沿线路侵入不宜采用架空线路时,只能敷设电缆线路,如图 1.7 所示。

图 1.6 架空线路

图 1.7 电缆线路

五、按电能种类分类

电力线路按电能种类可分为交流线路和直流线路两种。目前输送电能主要是采用三相交流架空的方式(见图 1.8),但随着换流技术的进步,加上直流线路造价低,损耗小,能满足大容量输电,也有采用直流线路输电的方式。与交流线路相比较,直流线路有下列特点:

1. 优　　点

（1）在输送相同功率和距离的条件下，线路造价较低，电能损耗小。

（2）直流线路与所联系的交流系统不需要同步运行，无系统的稳定性问题。

2. 缺　　点

（1）整流站与逆变站的换流器（见图1.9）价格较贵。

（2）直流高压断路器在断开故障电流时灭弧困难。

特高压直流输电中间不落点，可将大量电力直接送往大负荷中心，输电容量大，输送距离长，节省架线走廊，有功功率损耗与输送功率的比值较大。特高压交流输电中间可落点，输电容量大，覆盖范围广，节省架线走廊，有功功率损耗与输送功率的比值小；输电能力取决于各线路两端的短路容量和输电线路距离，输电稳定性取决于运行点的功角大小。

图1.8　交流线路

图1.9　换流器

任务二　认识不同型号的杆塔

杆塔（又称电杆）是架空线路的重要组成部分，其主要作用是支撑导线、避雷线和其他附件，并使导线与导线之间，导线和架空地线之间，导线与杆塔之间，以及导线对大地和交叉跨越物之间有足够的安全距离。

一、杆塔的分类

1. 按杆塔使用材料分类（见表 1.4）

表 1.4　杆塔按材料分类

序号	名称	材料	图示	知识点
1	木杆	木材		优点：绝缘性能好、重量轻、运输及施工方便。缺点：机械强度低、易腐朽、使用年限短、维修量大。
2	环形钢筋混凝土电杆	钢筋和混凝土在离心滚杆机内浇制而成，一般可分为锥形杆(拔梢杆)和等径杆		优点：结实耐用、使用年限长、维修量小。缺点：重量大、运输及施工不便。
3	金属杆	铁塔、钢管杆等		优点：机械强度高、搬运组装方便、使用年限长。缺点：耗用钢材多、投资大、维修中除锈及刷漆工作量大

※课堂小知识

架空配电线路中常采用锥形杆,梢径一般为 ϕ150 mm、ϕ190 mm 和 ϕ230 mm 三种,杆高有 8 m、9 m、10 m、12 m 和 15 m 等。送电线路常采用等径杆,等径杆一般有 ϕ300 mm 和 ϕ400 mm 两种,ϕ300 mm 等径杆有 4.5 m、6 m 和 9 m 等杆段,ϕ400 mm 等径杆有 3 m、4.5 m 和 6 m 等杆段,电杆由上述杆段焊接组成。

环形钢筋混凝土电杆分为普通型、预应力型和部分预应力型三种。预应力杆在制造过程中将钢筋拉伸,浇灌混凝土后钢筋内保持拉应力,使混凝土受压,提高了强度,故预应力混凝土电杆使用的钢筋截面积比普通杆小,杆身壁厚也较薄,杆身表面光滑无裂缝。使用预应力混凝土电杆比用普通钢筋混凝土电杆节约钢材,而且还能提高抗裂性和使用寿命。

钢管杆是近年来研制的一种新的电杆形式,目前全国钢管杆的应用逐渐增多。钢管杆不仅集有钢筋混凝土电杆及铁塔现有的优点,同时还有它们无法比拟的长处,主要是生产周期短、安装方便、占地面积小、能承受较大的应力、杆形美观等,适用于城市景观道路、道路狭窄和无法安装拉线的地方。钢管杆的缺点是造价高、制造工艺复杂、重量大。钢管杆一般由几段连接起来,连接形式有法兰连接和插接等。

2. 按杆塔的用途分类(见表 1.5)

表 1.5 杆塔按用途分类

序号	名称	图示	作用
1	直线杆塔		用于线路中间直线部分,在平坦地区,这种杆塔占总数的 80% 左右。在正常运行情况下,一般不承受顺线路方向的张力,而是承受垂直荷载(如导线、绝缘子、金具和覆冰的重量)以及水平荷载(如风压力)等。只有在杆塔两侧档距悬殊或一侧发生断线时,直线杆塔才承受相邻两档导线的不平衡张力。
2	耐张杆塔		主要用于线路分段处。在正常情况下,耐张杆塔除了承受与直线杆塔相同的荷载外,还承受导线的不平衡张力。在断线情况下,耐张杆塔还要承受断线张力,并能将线路断线、倒杆事故控制在一定耐张段内,便于线路的施工和检修。

（续表）

序号	名称	图示	作用
3	转角杆塔		用于线路的转角处，线路转向内角的补角称为线路转角。转角杆塔除了承受导线等的垂直荷载和风力外，还承受导线转角的合力，合力的大小决定于转角的大小和导线的张力，由于转角杆塔两侧导线拉力不在一条直线上，一般用拉线来平衡转角杆塔的不平衡张力。
4	终端杆塔		它是耐张杆塔的一种，用于线路的首端和终端。它是一种能承受单侧导线张力的杆塔。
5	跨越杆塔		用于线路与铁路、道路、桥梁、河流、湖泊、山谷及其他交叉跨越之处，要求有较大的高度和机械强度。
6	分支杆塔		分支杆塔用于架空配电线路的分支。

二、杆塔基础

杆塔基础是指杆塔埋于地下部分的结构及铁塔立于地面时位于地下支撑部分的结构,其作用是使杆塔在运行中不下沉、不倾斜及不变形,如图 1.10 所示。

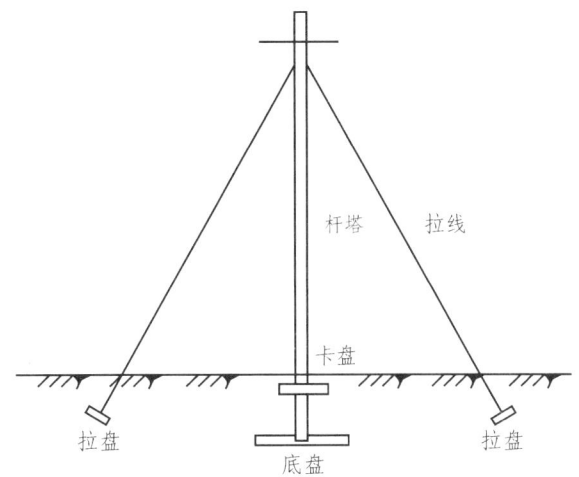

图 1.10 杆塔基础结构示意图

如表 1.6 所示为钢筋混凝土杆塔的基础。

表 1.6 钢筋混凝土杆塔基础

序号	名称	型号	作用	图示	知识点
1	底盘	DP6	垫在电杆下,防止下陷		承受并传递电杆自重、金具及附件自重、线路的垂直分力等。
2	卡盘	KP12	用于防止电杆上拔与下陷		(1)分上、下卡盘,卡在电杆根部,主要作用是保护杆塔抗上拔和倾覆。(2)直线杆分别安在电柱的左右,转角杆安在角的内侧,终端杆安在线路侧。
3	拉盘	LP6	用拉线拉住电杆防倒		(1)它起到安装拉线,平衡线路拉力的作用。(2)终端杆安在线路来向的反侧,转角杆安在角的外侧。

任务三 认识电杆的组成

架空线路主要包括电杆及其基础、导线、绝缘子、拉线、横担、金具、防雷设施及接地装置等,如图1.11所示。

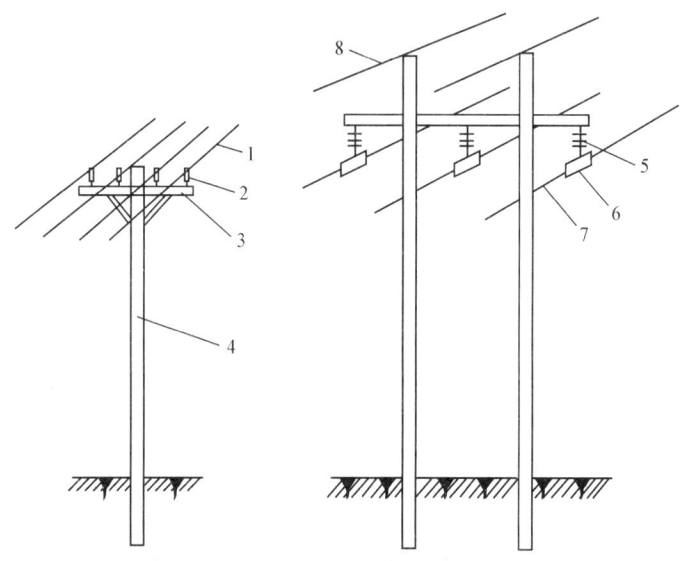

1—低压导线;2—针式绝缘子;3—横担;4—电杆;5—悬式绝缘子;
6—线夹;7—高压导线;8—架空地线(避雷线)

图1.11 架空线路的结构

观察学校内的电杆及杆上设备的结构和作用,请同学们5~8人一组进行调研、收集相关资料并汇总成为现场教学调研报告。应按要求在报告中包含如表1.7所列出的基本内容。

表1.7 现场教学调研表

现场教学调研表					
序号	名称	型号	结构描述	作用	备注
1					
2					
3					
4					
5					
6					
7					
8					
9					

项目二　检查电杆上横担安装所需的设备

任务一　认识横担和电工工具

一、横担的作用和分类

横担在电力线路中除作为绝缘子的安装支架使导线固定在电杆上,还用来安装线路设备,如开关设备、避雷器等。横担按材质分为铁横担、陶瓷横担、玻璃钢横担等。

常用的横担一般使用等边角钢制成。如图 1.12 所示为铁横担结构设计形式之一,一般通过 U 型抱箍(见图 1.13)或螺丝固定在杆(塔)上。角钢制成的横担通常称为铁横担,它的长度及安装绝缘子孔的数和孔分布距离,主要根据导线间的电气距离、横担承受的机械荷重等因素自行决定,铁横担通常都采用热镀锌处理。铁横担因其材料为型钢,造价较低且便于加工,所以使用最为广泛。

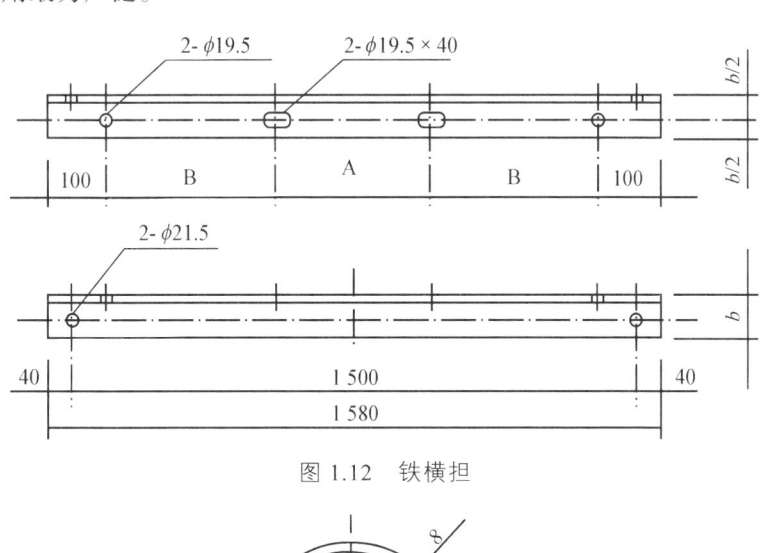

图 1.12　铁横担

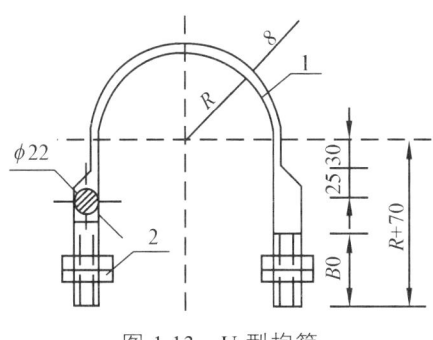

图 1.13　U 型抱箍

陶瓷横担绝缘子一端外浇装实心瓷件,它与瓷拉棒式绝缘子一样被广泛应用在 10 kV 及 35 kV 的导线线号不太大的线路上,其优点是实心棒形结构、不击穿、老化,泄漏距离长,自洁性能好，抗污闪能力强；不足之处是机械强度较弱，更换大截面导线时受到一定的限制。它的选用场合应结合电网规划进行。

玻璃钢横担具有轻质、高强度、容易清扫等优点，同时还具有便于施工、检修和带电作业的功能，主要用于替代铁横担。

根据受力情况横担可分为直线型、耐张型和终端型等。直线型横担只承受导线的垂直荷载；耐张型横担主要承受两侧导线的拉力差；终端型横担主要承受导线的最大允许拉力。当架设大截面导线或大跨越导线时，双担平面间应加斜捧板或采用梭形双横担。当横担向一侧偏支架设导线、架设开关等设备或架设的导线有角度时，应加支撑斜戗担（角戗）。

二、电工工具套件

如表 1.8 所示为电工工具套件。

表 1.8 电工工具套件

序号	名称	作用	图示
1	钢丝钳	主要用于剪断小截面导线、绑缠、低压带电作业等工作，一般使用 200 mm 规格的钢丝钳。在使用钢丝钳的过程中，要经常检查钢丝钳的绝缘套，应保证绝缘完好，使用后的钢丝钳要擦拭干净。	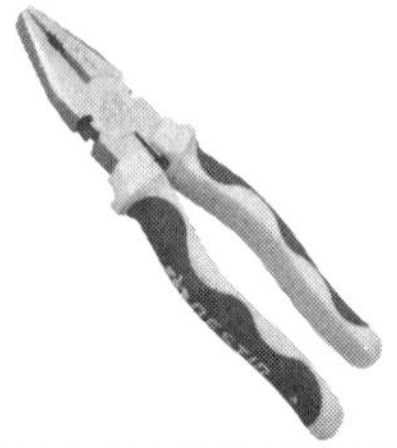
2	活动扳手	主要用于拆卸、紧固螺栓等作业，常用规格有 150、200、250、300 mm，最常用的为 250 mm（最大开口宽度 30 mm）。应根据不同紧固件选用规格相当的扳手，钳口尺寸应适合紧固件尺寸。操作时应让扳手的固定钳口受主要作用力，不能把管子套在扳手上使用，扳手也不能当作手锤用。	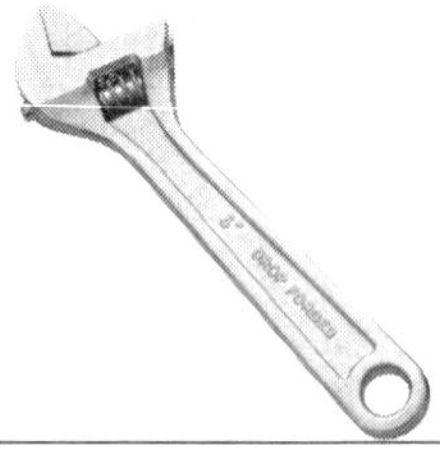
3	螺丝刀	主要用于旋紧或松开头部带沟槽的螺钉，常用规格全长为 235 mm（旋杆长度 120 mm、旋杆直径 6 mm，木柄）。螺丝刀的刀口有一字型和十字型两种，使用螺丝刀时应注意刀口的宽度和厚度应与螺钉头上沟槽相符。不应用小螺丝刀旋大螺钉，螺丝刀不能当凿子或撬棍使用。	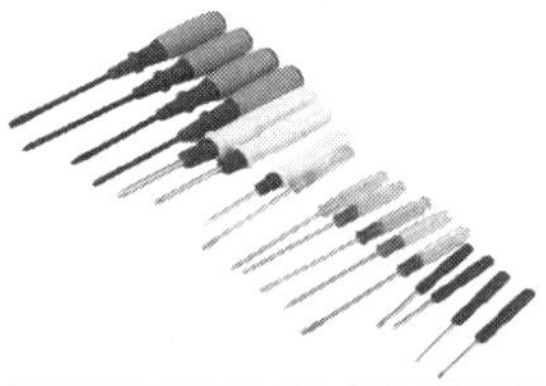
4	电工刀	主要用于剥去导线的绝缘部分。使用时可采用先刻痕方式再由里向外削线，削线时宜采用平削，而不宜采用立削，以防划伤导线。无绝缘措施时，严禁用电工刀接触带电线路及设备。使用时注意握线的手要放在刀口背后，以免自伤。	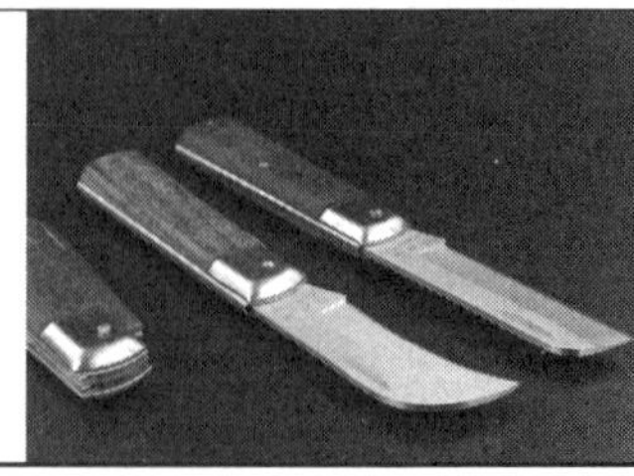

5	工具包	主要用于装工具和更换的零件等。	
6	手锤	手锤俗称榔头，是电工和其他维修工必不可少的工具。校直、錾削、维修和装卸零件等操作中都要用手锤来敲击。实践证明，若选用手锤不当，极易发生人身伤害事故，问题严重时甚至会发生火灾爆炸等恶性事故。手锤主要由锤头、木柄、楔子组成。	

任务二　登高练习

一、认识安全护具

如表1.9所示为登高所用安全护具。

表1.9　安全护具

序号	名称	作用	图示
1	水泥杆脚扣	登高防滑脚扣，一般采用高强无缝管制作，经过热处理，具有重量轻、强度高、韧性好、可调性好、轻便灵活、安全可靠、携带方便等优点，是攀登不同规格的水泥杆的理想工具。	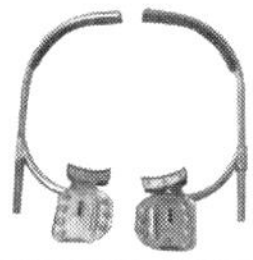
2	安全带	由于人体自身的质量和坠落的高度会产生冲击力，人体质量越大、坠落距离越大，作用在人体上的冲击力就越大。安全带的重要功能是，通过安全绳、安全带、缓冲器等装置的作用吸收冲击力，将超过人体承受冲击力极限部分的冲击力通过安全绳、安全带的拉伸变形，以及缓冲器内部构件的变形、摩擦、破坏等形式吸收，使最终作用在人体上的冲击力在安全界限以下，从而起到保护作业人员不坠落、减小冲击伤害的作用。	
3	安全帽	安全帽主要用于需要对头顶部防护的场所。	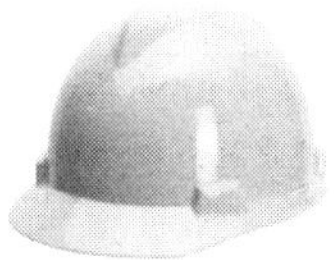

(续表)

序号	名称	作用	图示
4	绝缘手套	绝缘手套是一种用橡胶制成的五指手套,主要用于电工作业,具有保护手或人体的作用。可防电,防水、耐酸碱、防化、防油。	
5	绝缘靴	绝缘靴又叫高压绝缘靴。良好的绝缘是保证设备和线路正常运行的必要条件,也是防止触电事故的重要措施。绝缘材料往往还起着其他作用:如散热冷却、机械支撑和固定、储能、灭弧、防潮、防霉以及保护导体等。	

二、课内实践

《电力线路运行检修与施工》课内实践指导书

适用专业		课题名称	登高作业	课内实践课时	10
班级		学号		姓名	

一、实训目的

通过杆上施工的基本练习,使学生能掌握电力线路的基本施工方法和基本操作技能,增强学生对"电力线路运行检修与施工"等专业理论知识的理解,提高学生的综合动手能力,了解和掌握理论知识与实际情况的结合,为电力行业的就业打下良好的专业基础。

二、实训任务

1. 登高练习,要求掌握应用脚扣登高的基本要领和注意事项。
2. 时间安排。

实训单项名称	具体内容	学时数
登高作业	安全护具的使用。	2
登高作业	登杆时,脚扣的使用。	6
登高作业	考查	2

三、实训预备知识

告知学生实训前要复习或学习的主要知识。

通过"电力线路运行检修与施工"理论课程的学习,学生应具备以下理论知识:

1. 熟悉杆塔的结构、种类及作用。
2. 熟悉安全护具的使用。
3. 熟悉作业流程。
4. 熟悉应急处理技能。

四、主要仪器设备及使用、操作安全注意事项

设备:钢筋混凝土锥形电杆×8根、安全帽1个/人、安全带×10副、登高器具(脚扣)×10套。

在实训过程中应遵守规章制度,服从安排,听从指挥并注意以下安全事项:

1. 正确使用安全帽、安全带和登高器具。

2. 登高前要进行安全带耐张冲击试验、脚扣耐张冲击试验。
3. 严禁非作业人员在电杆半径 3 m 范围内玩耍嬉闹。
4. 必须认真实行安全监护制度。

五、实训的组织管理

实训分组安排：每组 5~8 人，每组设置一位小组长和一位安全监护人员。

六、项目简介、步骤指导与注意事项

（一）项目简介

登高作业是一项比较危险的作业内容，所以我们安排专门的课内实践对本岗位所需要的杆上施工前的一些准备工作进行学习和练习。

（二）步骤指导

1. 登高前的检查

（1）按电杆的规格，选择大小合适的脚扣，检查脚扣所有螺丝是否齐全，脚扣皮带是否良好，调节是否灵活，焊口有无开裂，有无变形。

（2）站在地面，将脚扣扣在电杆上，用一只脚站上去，用力朝下蹬，做人体载荷冲击试验，看有无异常。

（3）安全带应检查是否合适，保险装置是否完好。

（4）检查杆根应牢固，杆身无纵向裂纹，横向裂纹符合要求。

2. 登高要求

（1）穿脚扣时，脚扣带的松紧要合适，防止脚扣在脚上转动或滑脱。

（2）根据电杆的粗细调节脚扣的大小，使脚扣牢靠地扣住电杆。

（3）系好安全带，安全带应系在腰带下方，臀部上面，松紧要合适，换好绝缘鞋。

（4）将安全带绕过电杆，调节好合适的长度系好，扣环扣好，做好登高准备。

（5）登高时，应用两手掌上下扶住电杆，上身离开电杆，臀部向后下方坐，使身体成弓形。当左脚向上跨扣时，左手同时向上扶住电杆，右脚向上跨扣时，右手同时向上扶住电杆。注意：在左脚蹬实后，身体重心移到左脚上，右脚才可抬起，再向上移一步，手才可随着向上移动，两手脚配合要协调；当脚扣可靠扣住电杆后（用力往下蹬，使脚扣与电杆扣牢），再开始移动身体；登高时，步幅不要太大。

（6）如登拔梢杆，应注意适当调整脚扣。若要调整左脚脚扣，应左手扶住电杆用右手调整，调整右脚扣与其相反。

（7）快到杆顶时，要注意防止横担碰头，到达工作位置后，将脚扣扣牢登稳，在电杆的牢固处系好安全带，即可开始工作。

（8）下杆时，手脚协调配合往下移动身体。

（三）注意事项

（1）六级以上大风雪或雷雨时，禁止登高。停电检修的线路在未验明导线确定无电前，禁止登高。

（2）上杆作业时，两脚应在脚扣上，同时可靠地系好安全带，严禁不系安全带进行杆上作业。

（3）系好安全带后，必须检查扣环是否扣牢。杆上作业转位时，不得失去安全带保护，安全带必须系在牢固的构件或电杆上。不得系在绝缘子、导线、配电变压器的散热管等不牢固的物体上。在电杆上作业，应防止安全带从杆顶脱出或被锋利物割伤。

（4）攀登横担时，应检查横担及紧固件是否牢固、良好。

（5）登高作业所用的工具及零星材料应装入工具袋内随人带上或用吊绳吊上。杆上人员应防止掉东西，使用的工具、材料均应用绳索传递，不得抛扔。

（6）杆上有人工作时，不得调整或拆除拉线。

（10）现场人员应戴安全帽，杆下严禁行人逗留。

七、实训报告

根据实训内容、实训过程、实训要求及在实训中所学到和所掌握的操作技能写出实训报告。

※**课堂小知识**

应急处理技能
(1) 作业人员应符合作业资格。
(2) 杆身不得有纵向裂缝,横向裂缝宽度不应超过 0.1 mm,长度不超过 1/3 周长,杆身弯曲不超过 2‰,表面不应有蜂窝、露盘等缺陷。
(3) 杆上作业应背工具包,轻便、重要的工具仪表、材料应放在包内。
(4) 严禁从电杆受力侧上下。
(5) 登杆接近杆顶时,要防止横担碰头。
(6) 严禁上下抛扔工具、材料。
(7) 用绳索上下工具、材料时,严禁撞击杆身、地面。
(8) 当改变作业位置或转身时,应注意使受力腿站稳。

项目三 横担安装作业内容实施

任务一 安装无附件横担

一、作业准备

如表 1.10 所示为工器具和金具准备。

表 1.10 工器具和金具准备

序号	名称	作用	图示
1	铁横担	电力线路中作为绝缘子的安装支架,使导线固定在电杆上。	
2	工作绳	电力线路中用于绑扎、牵引重物。	
3	电工工具套件	详见表 1.8	
4	安全护具	详见表 1.9	

二、课内实践

《电力线路运行检修与施工》课内实践指导书

适用专业		课题名称	安装无附件横担	课内实践课时	14
班级		学号		姓名	

一、实训目的
通过更换无附件横担的基本练习，使学生掌握杆上作业的基本施工流程和基本操作技能，增强学生对"电力线路运行检修与施工"等专业理论知识的理解，提高学生的综合动手能力，了解和掌握理论知识与实际情况的结合，为电力行业的就业打下良好的专业基础。

二、实训任务
（1）更换无附件横担练习，要求掌握更换横担的基本要领和注意事项。 （2）时间安排。

实训单项名称	具体内容	学时数
绳扣练习	各种绳扣的练习。	2
安装无附件横担	直线杆横担的安装。	8
安装无附件横担	考查	4

三、实训预备知识
告知学生实训前要复习或学习的主要知识。 通过"电力线路运行检修与施工"理论课程的学习，学生应具备以下理论知识： （1）熟悉安全护具的使用。 （2）熟悉横担安装的方法。 （3）熟悉作业流程。 （4）熟悉应急处理技能。

四、主要仪器设备及使用、操作安全注意事项
设备：钢筋混凝土锥形电杆×8根、安全帽1个/人、安全带×10副、登高器具（脚扣）×10套、工作绳（15 m）×10根、铁横担（直线横担）×8套、电工工具×8套。 在实训过程中应遵守规章制度，服从安排，听从指挥并注意以下安全事项： （1）正确使用安全帽、安全带、登高器具。 （2）登高前要进行安全带耐张冲击试验、脚扣耐张冲击试验。 （3）严禁非作业人员在电杆半径3 m范围内玩耍嬉闹。 （4）必须认真实行安全监护制度。

五、实训的组织管理
实训分组安排：每组5~8人，每组设置一位小组长和一位安全监护人员。

六、项目简介、步骤指导与注意事项

（一）项目简介

安装无附件横担是一项比较危险的作业内容，所以我们安排专门的课内实践对本岗位所需要的杆上施工的内容进行学习和练习。

（二）步骤指导

1. 绳扣练习

进行直扣、活扣、倒扣、背扣、拖物扣、腰绳结、吊物扣、抬物扣、拽导线结等的练习，要求制作手势方法正确，主绳位置正确，绳头长度在 200～400 mm 之间。

2. 安装无附件横担

（1）上杆到适当位置后，系好安全带（一般系在要装横担处的下方）双脚应站成上下位置，吃力脚应伸直，另一只脚掌握平衡。

（2）地面人员用传递绳把横担及抱箍用倒背扣绑好，杆上人员将其提上后放在安全带上解开传递绳。

（3）单横担应装于受电侧，横担准线距杆头 200 mm，先把横担 U 形抱箍套在电杆横担安装位置处，装入横担垫铁，再将横担孔入 U 形抱箍的螺栓上，拧上螺母，调整好横担安装位置，拧紧螺母。安装好的横担应和电杆垂直，立起后应呈水平。

（4）把绝缘子安装在横担上，调整好绝缘子顶槽方向紧固，绝缘子顶槽与线路平行。拆除传递绳，作业完毕。

（三）注意事项

（1）杆上作业时，安全带不应拴得太长，最好在电杆上缠两圈。

（2）当吊起的横担放在安全带上时，应将吊物整理顺当。

（3）不用的工具不能随手放在横担及杆顶上，应放入工具袋或工具夹内。

（4）地面工作人员工作完后应离开杆下，以免高空坠物伤人。

七、实训报告

根据实训内容、实训过程、实训要求及在实训中所学到和所掌握的操作技能写出实训报告。

任务二　更换横担并安装相关附件

一、作业准备

如表 1.11 所示为工器具和金具准备。

表 1.11　工器具和金具准备

序号	名称	作用	图示
1	铁横担	详见表 1.10	
2	工作绳	详见表 1.10	
3	针式绝缘子	增加爬电距离，具有足够的绝缘强度和机械强度，在运行中不但要承受工作电压、过电压的作用，同时对化学杂质的侵蚀具有足够的抗御能力并能适应气温变化和周围环境的影响。	
4	电工工具套件	详见表 1.8	
5	安全护具	详见表 1.9	

二、课内实践

《电力线路运行检修与施工》课内实践指导书

适用专业		课题名称	更换横担并安装相关附件	课内实践课时	16
班级		学号		姓名	

一、实训目的

通过更换横担并安装相关附件的基本练习,使学生能掌握杆上作业的基本施工流程和基本操作技能,增强学生对"电力线路运行检修与施工"等专业理论知识的理解,提高学生的综合动手能力,了解和掌握理论知识与实际情况的结合,为电力行业的就业打下良好的专业基础。

二、实训任务

1. 更换横担并安装相关附件练习,要求掌握更换横担及附件安装的基本要领和注意事项。
2. 时间安排。

实训单项名称	具体内容	学时数
更换横担并安装相关附件	直线杆横担及附件的安装	12
更换横担并安装相关附件	考查	4

三、实训预备知识

告知学生实训前要复习或学习的主要知识。

通过"电力线路运行检修与施工"理论课程的学习,学生应具备以下理论知识:

1. 熟悉安全护具的使用。
2. 熟悉直线横担及附件安装的方法。
3. 熟悉作业流程。
4. 熟悉应急处理技能。

四、主要仪器设备及使用、操作安全注意事项

设备:钢筋混凝土锥形电杆×8根、安全帽1个/人、安全带×10副、登高器具(脚扣)×10套、工作绳(15 m)×10根、铁横担(直线横担)×8套、针式绝缘子×32个、电工工具×8套。

在实训过程中应遵守规章制度,服从安排,听从指挥,并注意以下安全注意事项。

1. 正确使用安全帽、安全带、登高器具。
2. 登高前要进行安全带耐张冲击试验、脚扣耐张冲击试验。
3. 严禁非作业人员在电杆半径3米范围内玩耍嬉闹。
4. 必须认真实行安全监护制度。

五、实训的组织管理

实训分组安排:每组5~8人,每组设置一位小组长和一位安全监护人员。

六、实训项目简介、步骤指导与注意事项

(一)项目简介

更换低压直线横担是一项比较危险的作业内容,所以我们安排专门的课内实践对本岗位所需要的杆上施工的内容进行学习和练习。

(二)步骤指导

1. 作业(操作)方法、步骤
(1)劳保用品穿戴齐全。
(2)检查材料工具。
(3)确认安全措施和作业范围。
(4)检查杆身、杆基。

（5）正确登杆。
（6）正确选择作业站位。
（7）正确使用安全带。
（8）将绳索系在电杆或牢固的框架上。
（9）拆除旧导线的绑扎线和旧瓷瓶。
（10）安装新瓷瓶并固定导线。
（11）杆上操作。
（12）工作结束，清理现场。

2．质量标准

（1）办理工作票，制订完善的作业指导书，明确监护人，停电、验电、挂接地线设围栏。
（2）检查登杆工具、安全帽、脚扣、安全带，同时对脚扣、安全带做冲击试验。
（3）检查工作人员个人安全防护用品是否合格、齐全。
（4）登杆动作熟练规范，杆上工作位置适当。
（5）安全带及吊绳系绑正确规范，工器具选择正确。
（6）工器具使用、操作正确，绳扣吊物正确牢固。
（7）更换低压直线横担执行规程规范，无物品跌落等失误。
（8）横担安装水平，方向、位置正确，各部件螺丝拧紧牢固。
（9）严格遵守安全操作规程，保持现场清洁，清理现场。
（10）工器具摆放整齐，场地清洁，杆上无遗留物。

七、实训报告

根据实训内容、实训过程、实训要求及在实训中所学到的和所掌握的操作技能写出实训报告。

情境二　拉线制作及安装

项目一　分解拉线

任务一　认识拉线的作用、结构与分类

一、作　用

拉线是配电线路的重要组成部分。其主要作用是平衡导线的不平衡张力，稳定杆塔，减少杆塔的受力强度，以及减小杆塔材料消耗、降低造价。在整立施工中，尽量利用拉线杆塔的永久拉线代替整立施工中的临时拉线。

二、结　构

如图 2.1 所示，拉线由如下部件组成：

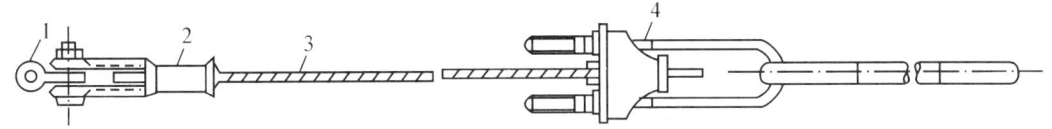

1—U 形环；2—楔形线夹；3—钢绞线；4—UT 型线夹

图 2.1　拉线组成示意图

三、分　类

拉线的分类如表 2.1 所示。

表 2.1　拉线的分类

序号	名称	作用	图示
1	普通拉线	用于耐张杆塔、终端杆塔、转角杆塔和分支杆塔，装设在电杆受力的反面，用以平衡电杆所受导线的单向拉力。	普通拉线

（续表）

序号	名称	作用	图示
2	人字拉线	主要用于多风地区，装在线路垂直方向，用来增加电杆抗侧向风荷载能力。在海边、农村空旷地区、沟道风大等环境中，每隔 7~10 基电杆加一组人字拉线，防止电杆受侧风力的作用倾倒。所以人字形拉线又叫防风拉线。	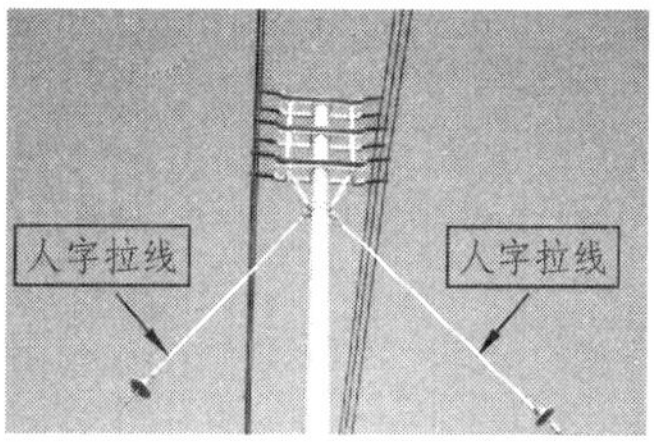
3	水平拉线	当塔离道路太近面不能就地装设拉线时，则需在道路的另一侧立一基拉线桩。水平线应保持一定的高度，以确保交通安全。	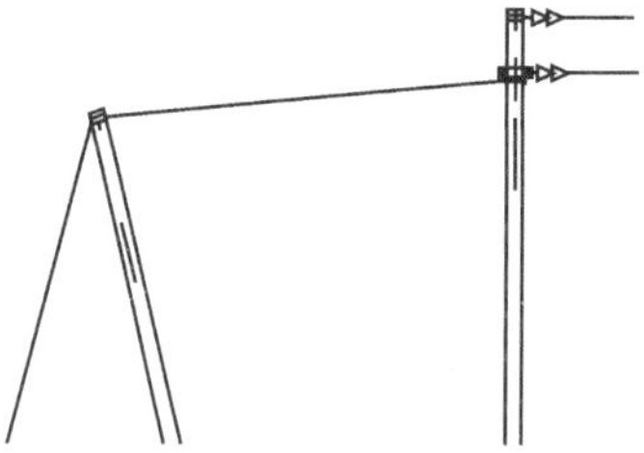
4	自身拉线	因地形限制不能装设拉线时，可以采用自身拉线。自身拉线就是在电杆中部加一拉线横图，在其上下加装线，以防电杆倾倒。	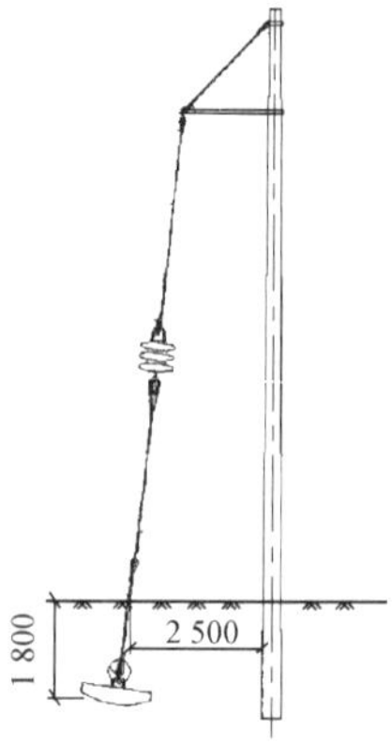
5	V形拉线	当电杆较高，横较多且为多回线路时，常在拉线力的合力点上，下两处各装设一条拉线，其下部合为一条，构成 V 形。	
6	X形拉线	用于双杆受力较大的电杆，也叫作交叉拉线。	

任务二　分解拉线

一、拉线分解部件

拉线分解部件如表 2.2 所示。

表 2.2　拉线分解部件

序号	名称	作用	图示	知识点
1	U形挂环	在电力线路上使用，两端分别由挂环与挂板连接件组合构成的U形金具。	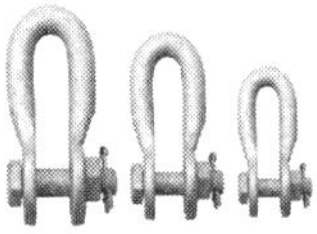	（1）U形挂环主要尺寸应符合如下规定： 型号中字母及数字意义为： ① U——U形； ② L——延长； ③ 数字——标称破坏荷重标记。 （2）技术要求。 ① U形挂环的一般技术条件应符合 GB 2314—85《电力金具通用技术条件》的规定。 ② U形挂环的联结尺寸应符合 GB 2315—85《电力金具标称破坏荷重系列及零件联结尺寸》的规定。 ③ U形挂环的设计、制造、试验、验收及标志与包装等要求应符合 DL/T 759—2009 电力行业标准《连接金具》的规定。
2	楔形线夹	用于铝绞线或钢芯或铝绞线间的连接，铝绞线与铜绞线间的连接，以及在非严重污染地区的铜绞线间的连接。	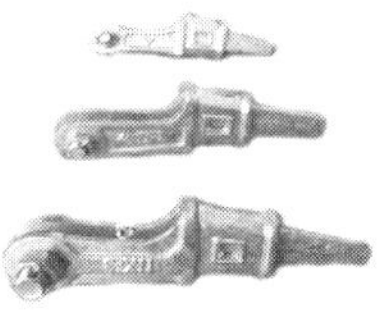	（1）楔形线夹中的并沟类线夹，具有楔形并沟线夹 JXD，还可以叫作 JXL，也就是常说的安普线夹。 （2）铝合金耐张类楔形线夹的户主要型号有：NXL 型号以及 NXJ 型号。 （3）楔形线夹中的铁件类子安家的型号为 NX。
3	钢绞线	用于传送电力线路方向上的张力。		（1）按照用途分类： 预应力钢绞线、（电力用）镀锌钢绞线及不锈钢绞线，其中预应力钢绞线涂防腐油脂或石蜡后包 HDPE 后称为无黏结预应力钢绞线（unbonded steel strand），预应力钢绞线也有镀锌或镀锌铝合金钢丝制成的。 （2）按照材料特性分类： 钢绞线、铝包钢绞线及不锈钢绞线。 （3）按照结构分类： 预应力钢绞线根据钢丝根数可分为 7 丝、2 丝、3 丝和 19 丝，最常用的是 7 丝结构。 电力用的镀锌钢绞线及铝包钢绞线也根据钢丝数量分为 2、3、7、19、37 等结构，最常用的是 7 丝结构。 （4）按表面涂覆层分类 分为（光面）钢绞线、镀锌钢绞线、涂环氧钢绞线、铝包钢绞线、镀铜钢绞线、包塑钢绞线等。
4	UT型线夹	作用方式是采用楔形自锁结构，将钢绞线卡在线槽内。一般用于拉线杆塔的下端。	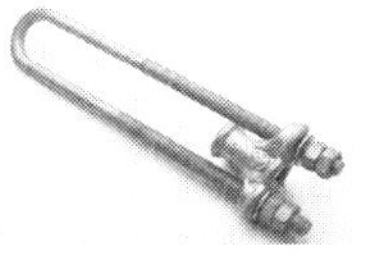	（1）安装前丝扣上应涂润滑剂。 （2）线夹舌板与拉线接触应紧密，受力后无滑动现象，线夹凸肚在尾线侧，安装时不应损伤线股。 （3）UT 型线（NUT-1 NUT-2 NUT-3 NX-1 NX-2 NX-3）夹带上螺母后，螺杆露出螺纹长度应占螺纹总长的 1/3，调紧后，UT 型线夹的双螺母应并紧。
5	拉线棒	将拉线连接到地锚上的杆件或其他金属部件		

二、现场教学

观察学校内的电杆及拉线安装位置,并研究拉线的结构和作用,请同学们 5~8 人一组进行调研、收集相关资料,并汇总成现场教学调研报告。在报告中应包含表 2.3 所列出的基本内容。

表 2.3　现场教学调研表

现场教学调研表					
序号	名称	型号	结构描述	作用	备注
1					
2					
3					
4					

项目二　组装拉线

任务一　拉线的制作准备

一、拉线安装结构

拉线结构示意图如图 2.2 所示。

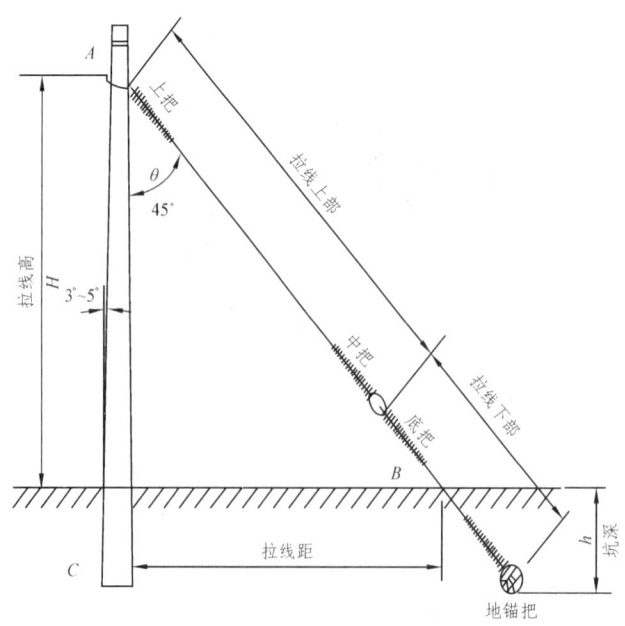

图 2.2　拉线结构示意图

二、拉线长度计算

电杆拉线长度可采用如下公式近似计算：

$$AB = K(AC+BC) \qquad \text{（式2-1）}$$

式中 AB——拉线长度（见图2.2），m；

AC——拉线高度（电杆地面上高度），m；

BC——拉线距（拉线出地面处至电杆根的水平距离），m；

K——拉线系数，取 0.71~0.73（当 AC 与 BC 相近时，K 取 0.71；当 AC 是 BC 的 1.5 倍左右或 BC 是 AC 的 1.5 倍时，取 0.72；当 AC 是 BC 的 1.7 倍或 BC 是 AC 的 1.7 倍时，取 0.73）。

根据以上公式计算出来的 AB 长度是拉线装成长度（包括下部拉线棒露出的地面部分）。

三、拉线备料

拉线下料长度=拉线长度-（花篮螺栓长度+拉线棒露出地面长度）+上把和中把的扎线长度（对有拉紧绝缘子的拉线，还应加上拉紧绝缘子两端的扎线长度）。

任务二　拉线的制作及安装

一、作业准备

拉线的制作及安装中所需要的工器具和金具如表 2.4 所示。

表 2.4　工器具和金具辨别

序号	名称	作用	图示
1	电工工具套件	详见表 1.8	
2	安全护具	详见表 1.9	
3	拉线分解部件	详见表 2.2	
4	紧线器	又叫棘轮收紧器，在架空线路敷设施工中用于拉紧导线。	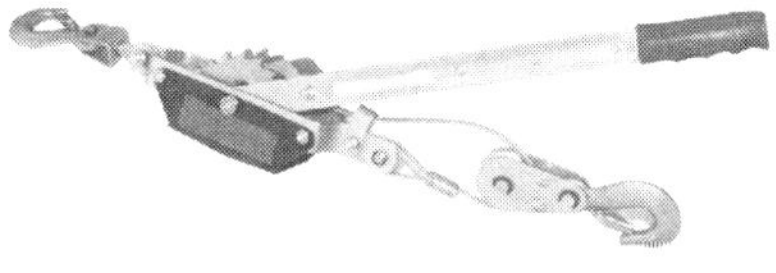
5	卡线器	电力架空线路施工及检修中常用的握线工具，可用于调整弧垂，收紧导线。	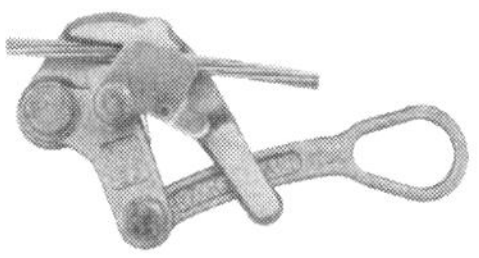

二、课内实践

《电力线路运行检修与施工》课内实践指导书

适用专业		课题名称	拉线制作及安装	课内实践课时	24
班级		学号		姓名	

一、实训目的

通过制作及安装拉线的基本练习,使学生掌握拉线相关作业的基本施工流程和操作技能,增强学生对"电力线路运行检修与施工"等专业理论知识的理解,提高学生的综合动手能力,了解和掌握理论知识与实际情况的结合,为电力行业的就业打下良好的专业基础。

二、实训任务

(1)拉线制作及安装练习,要求掌握拉线制作及安装的基本要领和注意事项。
(2)时间安排。

实训单项名称	具体内容	学时数
绝缘子上导线绑扎练习	(1)绝缘子上导线顶部绑扎的练习; (2)绝缘子上导线颈部绑扎的练习。	6
拉线制作及安装练习	拉线下把制作及安装练习。	12
绝缘子上导线绑扎	考查	2
拉线下把制作及安装	考查	4

三、实训预备知识

告知学生实训前要复习或学习的主要知识。
通过对"电力线路运行检修与施工"理论课程的学习,学生应熟悉以下理论知识:
(1)安全护具的使用。
(2)绝缘子上导线绑扎的方法。
(3)拉线下把制作及安装的方法。
(4)作业流程。
(5)应急处理技能。

四、主要仪器设备及使用、操作安全事项

设备:钢筋混凝土锥形电杆×8根、安全帽1个/人、安全带×10副、登高器具(脚扣)×10套、工作绳(15 m)×10根、铁横担(直线横担)×8套、电工工具×8套。
在实训过程中应遵守规章制度,服从安排,听从指挥并注意以下安全事项。
(1)正确使用安全帽、安全带、登高器具。
(2)登高前要进行安全带耐张冲击试验、脚扣耐张冲击试验。
(3)严禁非作业人员在电杆半径3 m范围内玩耍嬉闹。
(4)必须认真实行安全监护制度。

五、实训的组织管理

实训分组安排:每组5~8人,每组设置一位小组长和一位安全监护人员。

六、实训项目简介、步骤指导与注意事项

(一)项目简介

1.绝缘子上导线绑扎练习

绝缘子上导线绑扎是本岗位的一项日常作业内容,所以我们安排专门的课内实践对本岗位所需要的专业技能进行学习和练习。

2. 拉线制作及安装练习

拉线制作及安装是本岗位的一项重要作业内容,所以我们安排专门的课内实践对本岗位所需的专业技能进行学习和练习

（二）步骤指导

1. 绝缘子上导线顶部绑扎（见图 2.3）

（1）把导线嵌入瓷瓶顶部线槽中,并在导线左边近瓷瓶处用短扎线绕上三圈,然后放在左侧,待与长左线相绞。

（2）把长扎线按顺时针方向,从瓷瓶顶槽外侧绕到导线右边下侧,并在左侧导线上缠绕三圈。

（3）按顺时针方向围绕瓷瓶颈槽内侧（即前面）到导线左边下侧,并在左侧导线缠绕三圈（在原三圈扎线的左侧）。

（4）围绕瓶颈颈槽外侧顺时针到导线右边下侧,继续缠绕导线三圈（也排列在原三圈右侧）。

（5）把扎线围绕瓷瓶颈槽内侧顺时针到导线左边下侧,并斜压在顶槽中导线,继续扎到导线右边下侧。

（6）从导线右边下侧按逆时针方向围绕瓷瓶颈槽到左边导线下侧。

（7）把扎线从导线左边下侧斜压在顶槽中导线,使顶槽中导线被扎线压成"X"状。

（8）将扎线从导线右边下侧,按顺时针方向围绕瓷瓶颈槽,到扎线的另一端,相交于瓷瓶中间,并在缠绕六圈后减去余端。

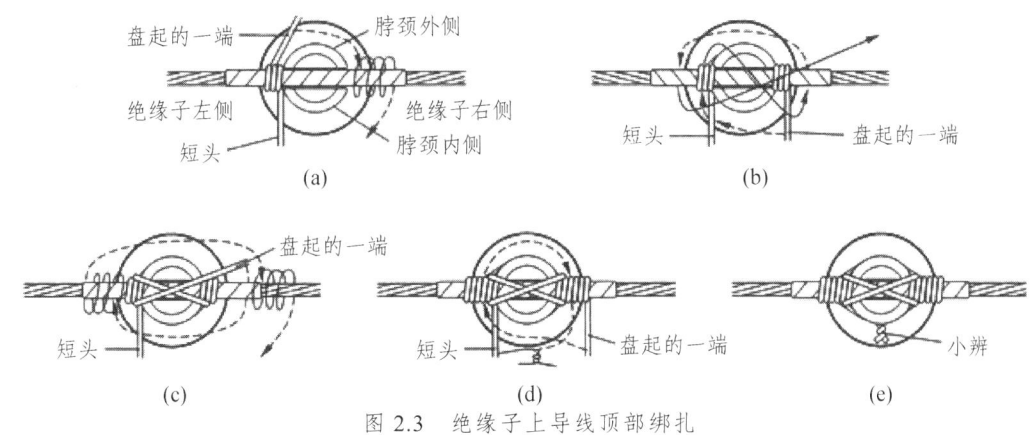

图 2.3 绝缘子上导线顶部绑扎

2. 绝缘子上导线颈部绑扎（见图 2.4）

（1）把绑线盘成一个圆盘,在绑线的一段留出一个短头,其长度为 250 mm 左右,用绑线的短头在绝缘子左侧的导线上绕三圈（导线在瓷瓶的背面,即外侧）,方向呈向导线外侧（经导线上方绕向导线内侧,然后放在左侧,待与长绑线相绞）。

（2）将盘起来的绑线向绝缘子脖颈内侧（即瓷瓶的前面）绕过,绕到绝缘子左侧导线上 并绑三圈（呈逆时针）,方向是向导线下方绕到导线外侧,再到导线上方。

（3）将盘起来的绑线从绝缘子脖颈内侧绕回到绝缘子左侧导线上,并绑三圈（顺时针）,方向是从导线下方经过外侧绕到导线上方（此时左侧导线上已有六圈）,然后再经过绝缘子脖颈内侧回到绝缘子右侧导线上（逆时针）,再绑三圈,方向是从导线的下方经外侧绕到导线上方（此时右侧导线上已绑有六圈）。

（4）将盘起来的绑线向绝缘子脖颈内侧绕过,绕到绝缘子左侧导线下方（顺时针）,并向绝缘子左侧导线外侧,经导线下方绕到右侧导线的上方（顺时针）。

（5）在绝缘子右侧上方的绑线,经脖颈内侧绕回到绝缘子左侧,经导线上方由外侧绕到绝缘子右侧下方,回到导线内侧（顺时针）,这时绑线已在绝缘子外侧导线上压了一个"X"字。

（6）将压完"X"字的绑线端头绕到绝缘子脖颈内侧中间（顺时针）与左侧的绑线短头并绞 2～3 个,绞合成一小辫,剪去多余绑线并将小辫沿瓶弯下压平。

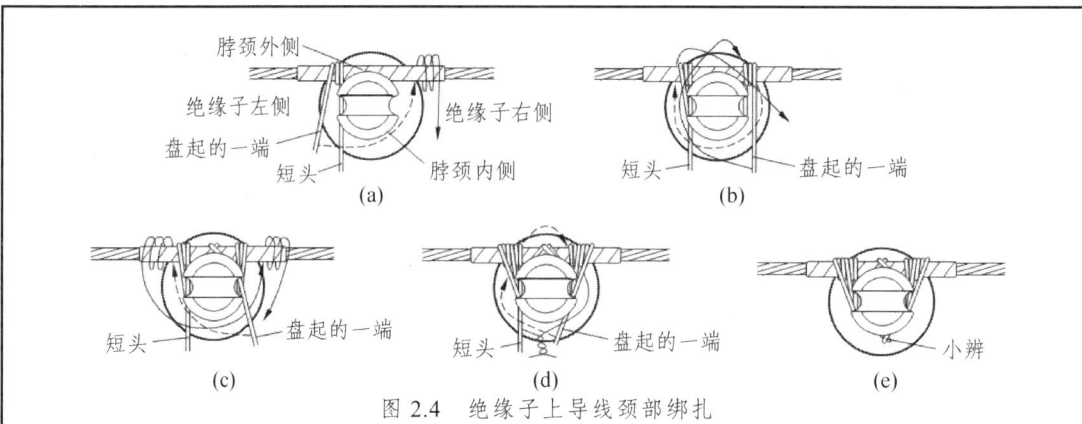

图 2.4 绝缘子上导线颈部绑扎

3. 拉线下把制作及安装

(1) 选取工具材料，选择配套 UT 型线夹和钢绞线、绑线。

(2) 量取钢绞线 5 m、8 m 两根，5 m 的钢绞线用于上把。钢绞线在剪断前应将断口处 2 点绑扎以防散花。

(3) 弯曲钢绞线。弯曲部分不应有明显的松股、散花现象，在制作钢绞线圆弧时，防止钢绞线弹回伤人。

(4) 将钢绞线穿入楔形线夹和 UT 型线夹。放入楔子，要求舌板与钢绞线紧密接触，受力后无滑动现象，绞线与舌板半圆弯曲结合处不得有死角和空隙。

(5) 尾线位置应在线夹的突肚侧，尾线和本线绑扎长度为 50~100 mm，尾线预留的长度为：楔形线夹为（300±50）mm，UT 型线夹为：300~500 mm，断头与绑扎间距为 50 mm。

(6) 拉线绝缘子两侧钢绞线，尾线预留长度（550±50）mm，应采用钢丝卡子固定（每侧 3 个）间距 100 mm，且正反间隔。断头与卡子间距为 50 mm。

(7) UT 型线夹双螺母固定后。应露出丝扣两扣以上，但其长度不得大于丝杆总长度的 1/2，拉线角度为 45°。

(8) 拉线抱箍中心对横担中心距是 100 mm。

（三）质量标准

1. 登高作业注意事项

(1) 选择所需材料工器具符合工作需要。

(2) 按规定穿戴安全帽、工作服等。

(3) 登杆前对登高工具和安全用具进行冲击试验。

(4) 检查杆根，登杆动作熟练。

(5) 杆上操作位置选择适当，安全带系在牢固构件。

(6) 导线缠绕铝包带长度应符合标准。

(7) 缠绕方向与导线绞制方向一致。

(8) 导线固定在针式绝缘子的位置正确。

(9) 工艺应美观，绑扎缠绕股数不少于 3 股。

(10) 工器具摆放整齐，场地清洁，杆上无遗留物。

2. 拉线制作及安装

(1) 选择所需材料工器具符合工作需要。

(2) 按规定穿戴安全帽、工作服等。

(3) 登杆前对登杆工具和安全用具进行冲击试验。

(4) 检查杆根，登杆动作熟练。

(5) 杆上操作位置选择适当，安全带系在牢固构件。

(6) 安装拉线抱箍时若导线为三角形排列，则拉线抱箍安装在横担上方距离横担中心 150~300 mm；

若导线为水平排列,则拉线抱箍安装在横担下方距离横担中心 150~300 mm 处。
（7）计算拉线所用钢绞线长度,截取钢绞线。
（8）在地面上制作拉线上把,其缠绕长度不小于 200 mm。
（9）在拉线抱箍上挂上拉线上把。
（10）制作拉线下把,下把的上端、花缠和下端的缠绕长度分别不得小于 80 mm、250 mm 和 150 mm。
（11）安装前线夹丝扣上应涂润滑剂。
（12）线夹舌头与拉线接触紧密,受力后无滑动现象。
（13）拉线弯曲部分不得有明显散股现象。
（14）线夹处露出尾线长度不得超过 400 mm,尾线回头后应与本线扎牢。
（15）UT 形线夹应有不小于 1/2 的螺栓丝扣调整余量,并且双螺母应拧紧。
（16）拉线松紧适度,制作美观。
（17）工器具摆放整齐,场地清洁,杆上无遗留物。

七、实训报告

根据实训内容、实训过程、实训要求及在实训中所学到和所掌握的操作技能撰写实训报告。

情境三　电力线路设备检修

近年来，随着经济建设的不断发展和人民生活水平的提高，对供电可靠性的要求也愈来愈高，而电力系统中各种电力线路设备的检修也被视为一个周期性的任务。

项目一　检测电力变压器

电力变压器作为电力系统中主要设备之一，其性能的好坏直接影响了电力系统的电能质量。如果变压器出现局部放电现象，很有可能造成变压器过早地发生损坏，影响变压器的使用寿命，同时局部放电还直接影响到区域正常供电。因此，对于变压器绝缘性能进行检测是保证该设备安全可靠运行的重要措施。

任务一　认识电力变压器的基本概念

一、磁路的基本概念

1. 铁磁材料

磁畴：铁心自身具有的自然磁性小区域。没有外磁场作用，各个磁畴的磁场方向总体上不规则，宏观不显磁性。

铁磁性物质只有在居里温度以下才具有铁磁性；在居里温度以上，由于受到晶体热运动的干扰，原子磁矩的定向排列被破坏，使得铁磁性消失，这时物质转变为顺磁性。磁畴和铁心的磁化如图 3.1 所示。

铁磁性物质在很小的磁场作用下就能被磁化到饱和，不但磁化率大于 0，而且数值大到 $10 \sim 10^4$ 数量级，其磁化强度 B 与磁场强度 H 之间的关系是非线性的复杂函数关系。这种类型的磁性称为铁磁性。其磁化曲线如图 3.2 所示。

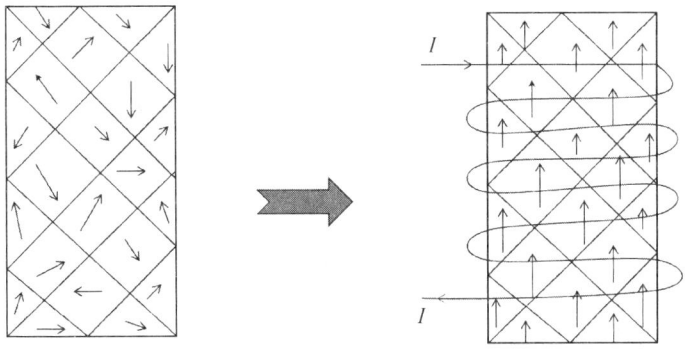

图 3.1 磁畴和铁心的磁化

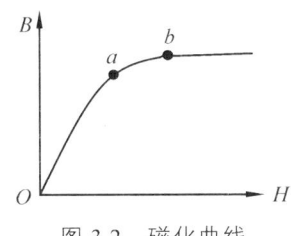

图 3.2 磁化曲线

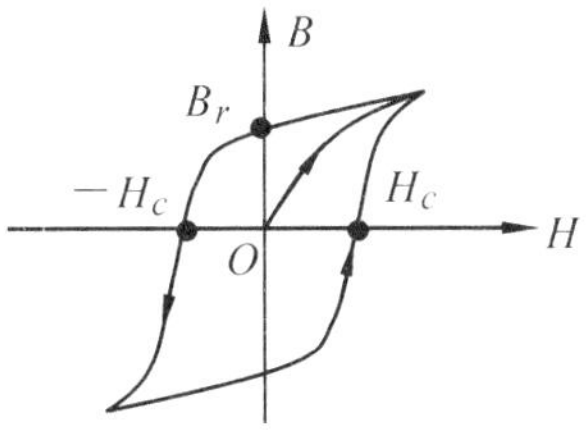

图 3.3 磁滞回线

2. 铁磁材料的磁性能

高导磁性：磁导率可达 $10^2 \sim 10^4$，由铁磁材料组成的磁路磁阻很小，在线圈中通入较小的电流即可获得较大的磁通。

磁饱和性：B 不会随 H 的增强而无限增强，H 增大到一定值时，B 不能继续增强。

磁滞性：铁心线圈中通过交变电流时，H 的大小和方向都会改变，铁心在交变磁场中反复磁化。在反复磁化的过程中，B 的变化总是滞后于 H 的变化。磁滞回线如图 3.3 所示。

3. 铁磁材料的类型

软磁材料：磁导率高，磁滞特性不明显，矫顽力和剩磁都小，磁滞回线较窄，磁滞损耗小。

硬磁材料：剩磁和矫顽力均较大，磁滞性明显，磁滞回线较宽。

矩磁材料：只要受较小的外磁场作用就能磁化到饱和，当外磁场去掉，磁性仍保持，磁滞回线几乎成矩形。

二、变压器的工作原理

1. 概　念

变压器（transformer）是利用电磁感应的原理来改变交流电压的装置，是一种静止电气设备。变压器的工作原理如图 3.4 所示。

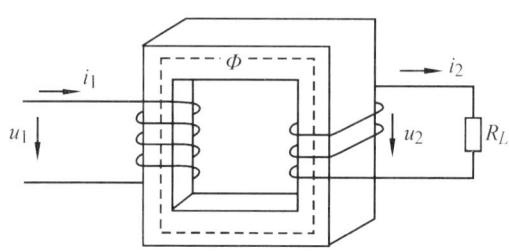

图 3.4　变压器工作原理示意图

其中，自感电动势的有效值为：

$$E_L = \frac{E_m}{\sqrt{2}} = \frac{\omega N \Phi_m}{\sqrt{2}} = 4.44 f N \Phi_m \qquad （式3\text{-}1）$$

式中　E_L——自感电动势；
　　　N——线圈绕组匝数；
　　　f——频率；
　　　Φ_m——磁通。

2. 原边绕组与副边绕组的关系

（1）电压关系。

根据对交流磁路的分析（图 3.5 所示）可得：

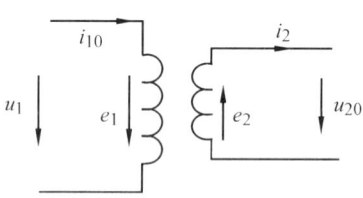

图 3.5　原副边变压示意图

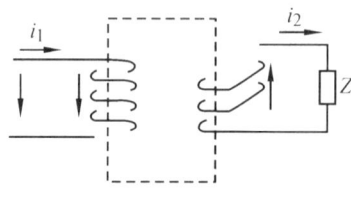

图 3.6　副边带负载

$$\begin{aligned} E_1 &= 4.44 f N_1 \Phi_m \\ E_2 &= 4.44 f N_2 \Phi_m \end{aligned} \qquad （式3\text{-}2）$$

$$\frac{U_1}{U_2} \approx \frac{E_1}{E_2} = \frac{N_1}{N_2} = K \quad\quad\quad （式3-3）$$

式中，K 为变比。

如图 3.6 所示，副边带负载后对磁路的影响：在副边感应电压的作用下，副边线圈中有了电流 i_2。此电流在磁路中也会产生磁通，从而影响原边电流 i_1。但当外加电压、频率不变时，铁芯中主磁通的最大值在变压器空载或有负载时基本不变。带负载后磁动势的平衡关系为：

$$i'_1 N_1 + i_2 N_2 \approx i_{10} N \quad\quad\quad （式3-4）$$

（2）电流关系。

根据变压器电磁原理，可推出原副边绕组的电流关系为：

$$i_1 N_1 + i_2 N_2 = i_{10} N_1 \quad\quad\quad （式3-5）$$

由于变压器铁芯材料的磁导率高，空载励磁电流 i_{10} 很小，可忽略。即：

$$\dot{I}_1 N_1 + \dot{I}_2 N_2 \approx 0 \quad\quad\quad （式3-6）$$

可得：

$$\frac{I_1}{I_2} = \frac{N_1}{N_2} = \frac{1}{K} \quad\quad\quad （式3-7）$$

（3）阻抗关系。

如图 3.7 所示，根据变压器电磁原理，可推出原副边绕组的阻抗关系为：

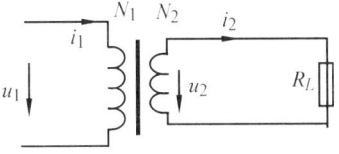

图 3.7 原副边绕组的阻抗关系

从原边等效：

$$R'_L = \frac{U_1}{I_1} = \frac{KU_2}{I_2/K} = \frac{U_2}{I_2} K^2 = R_L K^2 \quad\quad\quad （式3-8）$$

三、变压器的分类

1. 分　类

变压器种类繁多，可按用途、结构、绕组数量、相数、冷却方式等进行分类，如表 3.1 所示。

表 3.1 变压器的分类

分类方式	名称	型号示例
用途	电力变压器	SC11-1000 kVA/10-0.4 kV
	调压变压器	SZ9-12500/35 kV
	仪用变压器	JDZ10-10 KV
	整流变压器	ZSG-40 kVA
	矿用变压器	KSG-4 kVA
	试验变压器	YDQ20-50
	机车变压器	TBQ4-4760-25
	电焊变压器	BK-15 KVA
结构	芯式变压器	SC9-6300 kVA/35-0.4 kV
	壳式变压器	插片铁芯、C 型铁芯、铁氧体铁芯
绕组数量	自耦变压器	QZB-17 kW
	双绕组变压器	SC15-100 kVA/10-0.4 kV
	三绕组变压器	OSFPSZ - 180000 /220
	多绕组变压器	DG-160
相数	单相变压器	BK-5 KW
	三相变压器	SFPZ9-120000/110
	多相变压器	
冷却方式	油浸式变压器	SC13-20000 kVA/110-35 kV
	干式变压器	SCB10-800 kVA/10-0.4 kV

2. 型　号

变压器的型号按照表 3.2 进行解读。

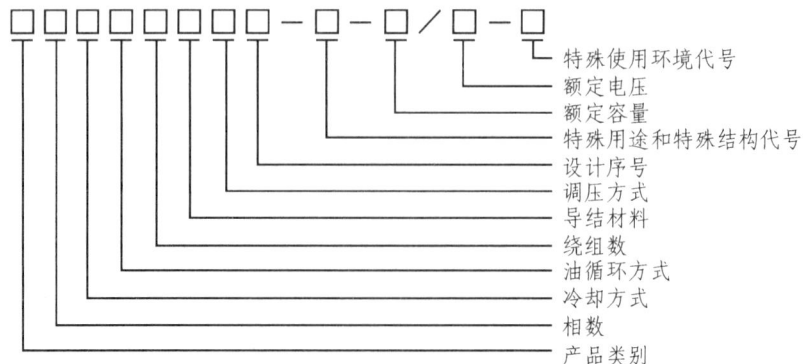

表 3.2 变压器的型号

变压器的型号	产品类别代号	O——自耦变压器，通用电力变压器不标 H——电弧炉变压器 C——感应电炉变压器 Z——整流变压器 K——矿用变压器 Y——试验变压器
	相数	D——单相变压器 S——三相变压器
	冷却方式	F——风冷式 W——水冷式 注：油浸自冷式和空气自冷式不标注
	油循环方式	N——自然循环 O——强迫导向循环 P——强迫循环
	绕组数	S——三绕组 注：双绕组不标注
	导线材料	L——铝绕组 注：铜绕组不标注
	调压方式	Z——有载调压 注：无载调压不标注
	性能水平代号（设计序号）	
	特殊用途或特殊结构代号	Z——低噪声用 L——电缆引出 X——现场组装式 J——中性点为全绝缘 CY——发电厂自用变压器
	额定容量	变压器的额定容量，单位为 kVA
	额定电压	变压器的额定电压，单位为 kV

3. 冷却方式解读

变压器的 ONAN 冷却方式为内部油自然对流冷却方式，即通常所说的油浸自冷式。

变压器的冷却方式是由冷却介质和循环方式决定的，由于油浸变压器还分为油箱内部冷却方式和油箱外部冷却方式，因此油浸变压器的冷却方式是由四个字母代号表示的。如表 3.3 所示。

表 3.3 变压器冷却方式

第一个字母：与绕组接触的冷却介质。 O——矿物油或燃点大于 300 ℃ 的绝缘液体； K——燃点大于 300 ℃ 的绝缘液体； L——燃点不可测出的绝缘液体。	第二个字母：内部冷却介质的循环方式。 N——流经冷却设备和绕组内部的油流是自然的热对流循环； F——冷却设备中的油流是强迫循环，流经绕组内部的油流是热对流循环； D——冷却设备中的油流是强迫循环，至少在主要绕组内的油流是强迫导向循环。
第三个字母：外部冷却介质。 A——空气； W——水；	第四个字母：外部冷却介质的循环方式。 N——自然对流； F——强迫循环（风扇、泵等）。

（1）油浸式变压器常用的冷却方式。

① 油浸自冷（ONAN）；

② 油浸风冷（ONAF）；

③ 强迫油循环风冷（OFAF）；

④ 强迫油循环水冷（OFWF）；

⑤ 强迫导向油循环风冷（ODAF）；

⑥ 强迫导向油循环水冷（ODWF）。

其中冷却器作用，加强散热。装配在变压器油箱壁上，对于强迫油循环风冷变压器，电动泵从油箱顶部抽出热油送入散热器管簇中，这些管簇的外表受到来自风扇的冷空气吹拂，使热量散失到空气中，经过冷却后的油从变压器油箱底部重新回到变压器油箱内。

（2）冷却器应用举例。

① 油浸自冷式变压器：一般用于容量为 7 500 KVA 及以下的变压器，以对流方式，将变压器铁芯和绕组的热量带走，传给油箱散热器，依靠油箱壁的辐射和散热器周围空气的自然对流，把热量散发到空气中去。

② 油浸风冷式变压器：一般用于容量 10 000 KVA 以上变压器，为了加强油的冷却，在散热器上加装风扇（每组散热器上装设两台小风扇），即用风扇将风吹于散热器上，使热油能迅速冷却，以加速热量的散出，降低变压器的油温，这种方式称为风冷式。

③ 强迫油循环水冷式变压器：变压器的上层热油由潜油泵抽出后，经冷油器冷却，再进入变压器油箱的底部，从而使变压器的铁芯和绕组得到冷却。当变压器铁芯和绕组周围的油受热后，热油再次上升到变压器顶部，形成变压器油的循环。在冷却器内，管内通冷却水，管外通热油，冷却水将油的热量带走，从排水管内排出，使热油得到冷却。

④ 强迫油循环风冷式变压器：用潜油泵将油箱中上层热油抽出，经上部联管进入上油室，然后经散热器下油室到热虹吸器滤油器，热油靠导风筒上的风扇顺风冷却后，由潜油泵打入油箱底部，从而冷却铁芯及绕组。这样一来，当油温再次升高，借潜油泵的抽力，热油再次上升到箱体顶部，从而形成油循环。如图 3.8 所示。

情境三　电力线路设备检修

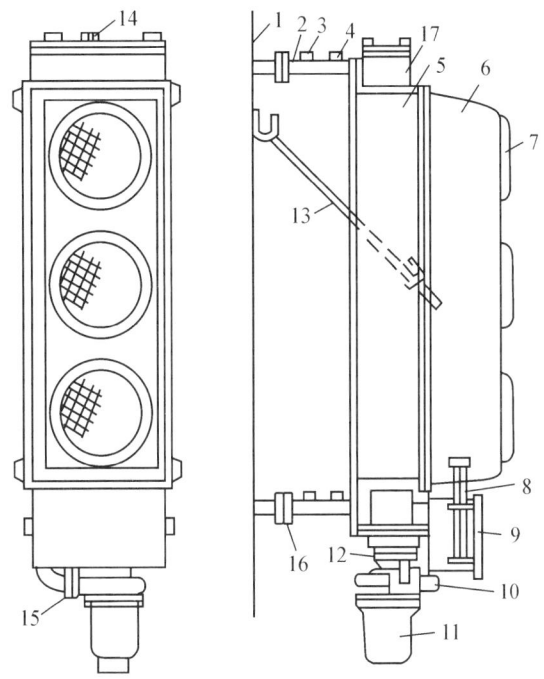

1—电力变压器油箱；2—联管；3—温度计座；4—压力表接头；5—冷却器；6—导风筒；7—风扇电动机；8—引线；9—分控制箱；10—瓦斯继电器；11—潜油泵；12—滤过网；13—拉杆；14—放气塞；15—阀门（连接净油器用）；16—阀门；17—集油器

图 3.8　强迫油循环风冷式变压器冷却部分

※**课堂小知识**

注意事项
（1）油泵投入运行前，必须将油泵内的空气放出，将油灌满机壳后，方可开动油泵。
（2）大修后油泵投入运行的前一星期内，每天都必须密切注意观察。
（3）油泵正常运转时，应监视油泵是否有特殊响声，电动机是否过热，电流是否稳定和正常。
（4）经过泵的变压器油平均温度不超过 80 ℃，短时间内最高温度不应超过 95 ℃，在最高温度下工作不应超过 2 小时。
（5）在变压器大修、事故检修和换油后，强油循环变压器应在投运前启动全部冷却器，将油循环一定时间，排出油中残存空气。冷却器检修后，第一次投运的 8 小时内，应每 2 小时检查一次变压器的油位、温度、瓦斯继电器和冷却器的运行情况。
（6）变压器冷却装置投入前应检查冷却装置的电源已送电，双电源供电的自动切换回路正常，手动、自动启动回路工作正常。各潜油泵、风扇绝缘合格，流速继电器正常。
（7）变压器冷却装置运行中应检查控制箱、温控箱内的灯光指示正确。处于备用中的冷却器应达到联动备用状态。

四、变压器的结构

变压器的结构较为复杂，一般包含变压器的铁芯、绕组、夹件、绝缘件等，如果是油浸式电力变压器，除了变压器本体外，还包括非常多的附件，如图 3.9 所示。

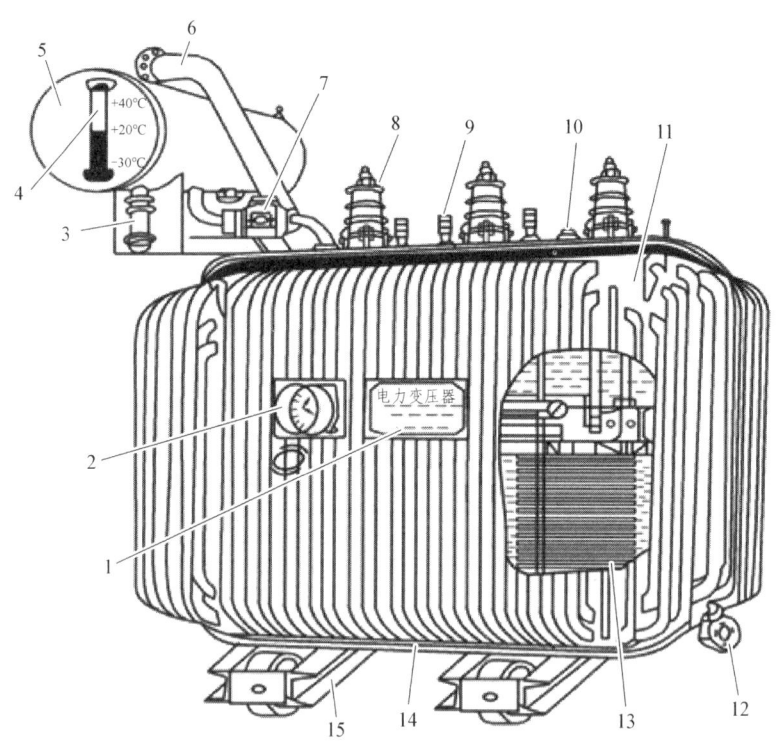

1—铭牌；2—信号式温度计；3—吸湿器；4—油标；5—储油柜；6—安全气道；7—气体继电器；
8—高压套管；9—低压套管；10—分接开关；11—油箱；12—放油阀门；
13—器身；14—接地板；15—小车

图 3.9 油浸式电力变压器附件示意图

1. 铁 芯

变压器的主磁路中，铁芯由铁芯柱和铁轭两部分构成。铁心柱上套绕组，铁轭将铁心柱连接起来形成闭合磁路，构成了变压器的磁路，同时又是套装绕组的骨架。

铁心材料：为了提高磁路的导磁性能，减少铁芯中的磁滞、涡流损耗，铁心一般用高磁导率的磁性材料——硅钢片叠成。其厚度为 0.35～0.5 mm，两面涂以厚 0.02～0.23 mm 的漆膜，使片与片之间绝缘。

交流铁心线圈的功率损耗主要有铜损和铁损两种。

2. 绕 组

变压器的电路，一般用绝缘铜线或铝线绕制而成。

一次绕组（原绕组）：输入电能；二次绕组（副绕组）：输出电能。它们通常套装在同一个心柱上，一次和二次绕组具有不同的匝数，通过电磁感应作用，一次绕组的电能可传递到二次绕组，且使一、二次绕组具有不同的电压和电流。其中，两个绕组中，电压较高的称为高压绕组，相应的电压较低的称为低压绕组。

为了绝缘布置方便，通常低压绕组装得靠近铁芯，高压绕组则套在低压绕组的外面，低压绕组与高压绕组之间，以及低压绕组与铁芯之间都留有一定的绝缘间隙和散热油道，并用绝缘纸筒隔开，使绕组有效地散热。

从高、低压绕组的相对位置来看，变压器的绕组又可分为同心式、交迭式。由于同心式绕组结构简单，制造方便，所以国产的均采用这种结构，交迭式主要用于特种变压器中。

3. 绝缘套管

将线圈的高、低压引线引到箱外，是引线对地的绝缘，担负着固定的作用。绝缘套管一般是陶瓷的，其结构取决于电压等级。

4. 油　箱

油浸式变压器的器身浸在变压器油的油箱中。油是冷却介质，又是绝缘介质。油箱侧壁有冷却用的管子（散热器或冷却器）。

5. 压力释放阀

压力释放装置在变压器油箱顶盖上，压力释放装置在保护电力变压器方面起着重要作用。充有变压器油的电力变压器，如果内部出现故障或短路，电弧放电就会在瞬间使油气化，导致油箱内压力极快升高。如果不能极快释放该压力，油箱就会破裂，将易燃油喷射到很大的区域内，从而可能引起火灾，造成更大破坏，因而通过压力释放装置使油箱内减压可防止上述情况发生。

6. 瓦斯继电器

瓦斯继电器是变压器的主要保护，能有效地反映变压器的内部故障。

轻瓦斯保护的气体继电器由开口杯、干簧触点等组成，作用于信号。重瓦斯保护的气体继电器由挡板、弹簧、干簧触点等组成，作用于跳闸，如图 3.10 所示。

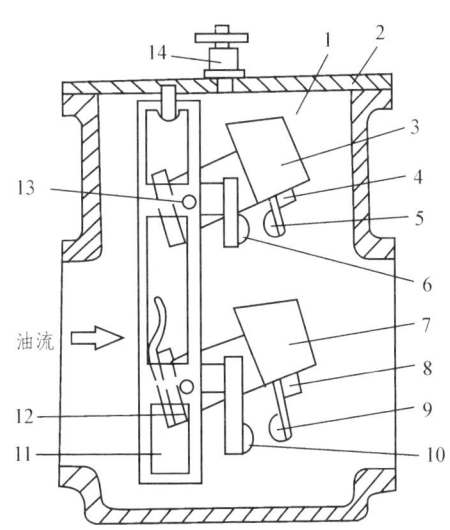

1—容器；2—盖板；3—上油杯；4、8—永久磁铁；5—上动触点；6—上静触点；7—下油杯；
9—下动触点；10—下静触点；11—支架；12—下油杯平衡锤；
13—上油杯转轴；14—放气阀

图 3.10　FJ3-80 型瓦斯继电器的结构示意图

正常运行时，瓦斯继电器充满油，开口杯浸在油中，处于上浮位置，干簧触点断开。当变压器内部故障时，故障点局部发生高热，引起附近的变压器油膨胀，油内溶解的空气被逐出，形成气泡上升，同时油和其他材料在电弧和放电等的作用下电离而产生气体。当故障轻微时，排出的气体缓慢上升而进入瓦斯继电器，使油面下降，开口杯产生以支点为轴的逆时针转动，使干簧触点接通，发出信号。

当变压器内部故障严重时，放电电弧使变压器油发生分解，产生甲烷、乙炔、氢气、一氧化碳、二氧化碳、乙烯、乙烷等多种特征气体，故障越严重，气体的量越大，从而使变压器内部压力突增，产生很大的油流向油枕方向冲击，因油流冲击挡板，挡板克服弹簧的阻力，带动磁铁向干簧触点方向移动，使干簧触点接通，作用于跳闸。

7. 油　枕

油枕的作用：变压器在运行中，因铁芯和绕组发热，会使油温升高，油的体积要因此而膨胀。油枕为变压器油提供了一个膨胀室，缩小了油与空气的接触面积，可大为延缓油吸潮和氧化的速度，且防止油膨胀时导致箱体受高压而爆炸。油枕可使油面高度超过箱盖和套管的高度，使绝缘套管中也充满变压器油，以增加引出线的绝缘强度。

油枕通过连接通道，经瓦斯继电器、蝶形阀与箱体连通。油枕上设有监视油面的油位表，油枕内装有与大气连通的管子，该管的下端装有呼吸器。这根管子的高度应大于变压器油温最高时的油面高度，以防止油的溢出。如图 3.11 所示。

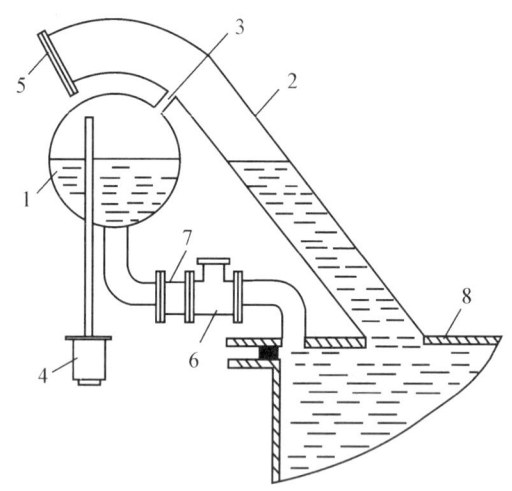

1—油枕；2—防爆管；3—油枕与防爆管的连通管；4—呼吸器；5—防爆隔膜；
6—气体继电器；7—蝶形阀；8—箱盖

图 3.11　油枕示意图

油的老化，除了油本身的质量原因外，油和大气相接触是一个非常重要的原因。因为变压器油中溶解出一部分空气，空气中的氧将促使变压器中的油及浸泡在油中的纤维老化。为了延缓和防止油的老化，必须尽量避免变压器油直接和大气相接触。变压器油面与大气相接触的部位有两处：一是安全气道的油面；二是油枕中的油面。气道采用压力释放阀，油枕采用胶囊密封，可以减少油与大气接触的面积，用这种力方法能防止和减缓油质老化。

胶囊式油枕是在油枕的内壁增加了一个胶囊袋。胶囊袋内部经过呼吸器及其连管与大气相通，胶囊袋的底面紧贴地浮在油枕上，使胶囊袋和油面之间没有空气，隔绝了油面和空气的接触。这样空气中的氧不再和油中的气体相交换，油中溶解氧的含量渐渐下降，直到全部消耗完为止，从而可达到阻止油氧化的目的。

用胶囊袋还可以防止外界的湿气、杂质等侵入变压器内部，使变压器能保持一定的干燥程度。当油面随温度变化时，胶囊袋也会随之膨胀和压缩，起到了呼吸的作用。

8. 呼吸器

呼吸器的作用：呼吸器内部装有用氯化钴浸渍过的硅胶，具有很强的吸潮能力，当含水分的空气经呼吸器进入油枕时，水分将被硅胶吸收，以减少进入变压器的空气的水分含量。呼吸器下端有一个油封装置，使空气不能直接经呼吸器进入变压器，以降低油的吸潮和氧化速度，如图 3.12 所示。

硅胶对空气中水分具有很强的吸附作用，干燥状态为蓝色，吸潮饱和后变为粉红色。吸潮的硅胶可以再生。硅胶除能吸潮以外，还有指示剂的作用，因其吸潮饱和时，颜色由蓝变红，此时则需将其更换，以保证呼吸器的有效作用。

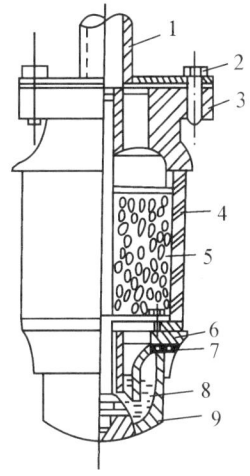

1—联管；2—螺栓；3—外壳；4—玻璃罩；5—硅胶；
6—座子；7—胶垫；8—油；9—盖子

图 3.12　呼吸器结构示意图

9. 测温元件

温度计是用来测量油箱上层油温的，通过对油温的监视，可判断变压器运行是否正常。按变压器容量大小，温度计可分为水银温度计、信号温度计和电阻温度计三种。

五、变压器的铭牌

每台出厂的变压器都有一块铭牌，上面标注着型号、额定值及其他数据，便于用户了解变压器的运行性能。变压器铭牌如图 3.13 所示。

```
电力变压器
产品型号  SL7-315/10       产品编号
额定容量  315kV·A          使用条件  户外式
额定电压  10000/400V       冷却条件  ONAN
额定电流  18.2/454/7A      短路电压  4%
额定频率  50 Hz            器身吊重  765 kg
相   数  三相             油   重  380 kg
联接组别  Y yn0            总   重  1 525 kg
制造厂                    生产日期

电力变压器铭牌示意图
```

图 3.13　变压器铭牌

六、变压器并列运行

1. 概　念

两台及以上的变压器的一、二次三相绕组分别接到公共的母线上，同时向负载供电的运行方式，称为变压器并列运行。如图 3.14 所示。

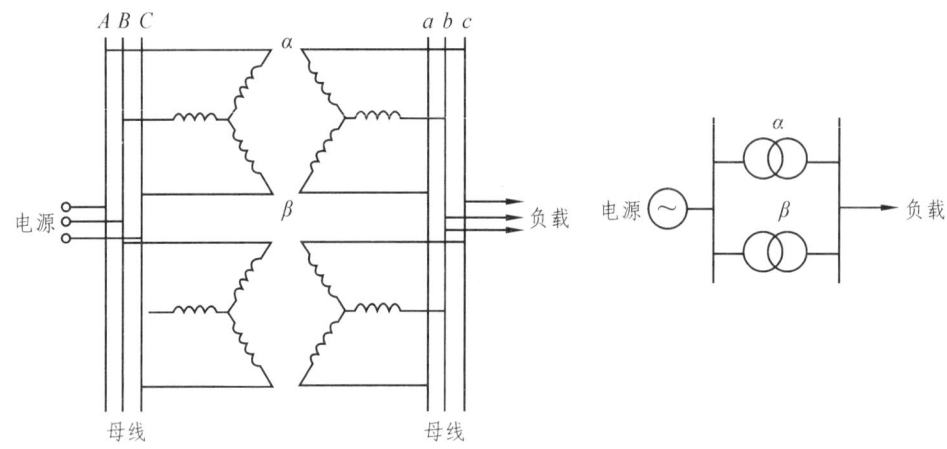

图 3.14　变压器的并列运行

2. 特　点

（1）变压器并列运行的优点。

在发电厂和变电所中，通常将两台或数台变压器并列运行，并列运行与一台大容量变压器单独运行相比，其优点有：

① 提高供电可靠性，当一台退出运行时，其他变压器仍可照常供电。

② 提高运行经济性，在低负荷时，可停运部分变压器，从而减少能量损耗，提高系统的运行效率，并改善系统的功率因数，保证经济运行。

③ 减小备用容量。为了保证供电，必须设置备用容量，变压器并列运用可使单台变压器容量较小，从而做到减小备用容量。

（2）变压器并列运行的条件。

变压器并列运行时，通常希望它们之间无平衡电流；负荷分配与额定容量成正比，与短路阻抗成反比；负荷电流的相位相互一致。要做到上述几点，并列运行的变压器就必须满足以下条件：

① 具有相等的一、二次电压，即变比相等；
② 额定短路电压相等；
③ 绕组连接组别相同，即要求极性相同，相位相同。

上述三个条件中，第一条和第二条往往不可能做到绝对相等，一般规定变比的偏差不得超过 ±0.5%，额定短路电压的偏差不得超过 ±10%。

（3）变比不同的变压器并列运行。

因变比不同，变压器二次侧的电动势不相等，并在变压器二次绕组和一次绕组的闭合回路中产生平衡电流。如图 3.15 所示。

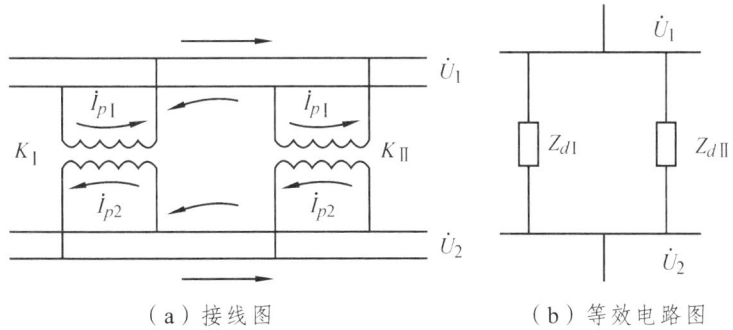

（a）接线图　　　　　　（b）等效电路图

图 3.15　平衡电流产生过程

当变压器有负荷时，平衡电流叠加在负荷电流上。这时一台变压器的负荷减轻，另一台变压器的负荷则加重。所以变比不同的变压器并列运行时，有可能产生过负荷现象，如果增大后的负荷超过其额定负荷，则必须校验其过负荷能力是否在允许范围内。

（4）短路电压不同的变压器并列运行。

当数台变压器并列运行时，如果短路阻抗不同，负荷并不按其额定容量成比例分配。负荷分配与短路阻抗的大小成反比，短路阻抗小的变压器承担的负荷比例大，容易出现过负荷。

这是因为对于短路阻抗较小的变压器，平衡电流可以减轻其过负荷（因为平衡电流的方向与负荷电流的方向相位相反），而对于短路阻抗较大的变压器，平衡电流可以使其负荷增加。

（5）绕组连接组别不同的变压器并列运行。

绕组连接组别不同的变压器并列运行时，同名相电压间出现位移角，其大小等于连接组号 N_I 与 N_{II} 之差乘 30°，即

$$\phi = (N_I - N_{II}) \times 30°$$

（式 3-9）

当并列运行变压器的容量和短路电压都相同，其绕组连接组别不同，相角差 ϕ = 30°，短路电压标幺值 $u \times d$ = 0.055 时，则变压器间的平衡电流为 I_P = 4.7 I_N。

因此，变压器是不允许长期在同名相电压间存在位移角的情况下并列运行的。一般情况下，需采用将各相易名、始端与末端对换等方法，将变压器的连接组别化为同一连接组别后，才能并列运行。

七、变压器的安装

安装前应检查变压器的导轨是否水平，轨距与轮距是否吻合。装有气体继电器的变压器，顶盖沿气体继电器气流方向应有 1%～1.5%的升高坡度，便于发生的气体跑向气体继电器。常用垫片垫在储油柜侧的两滚轮下，其厚度等于两滚轮中心距乘以升高坡度，如果两滚轮中心距为 1 m，则垫片厚为 10～15 mm。

变压器就位后，应检查变压器与建筑物或其他设备的距离是否符合设计要求，再用可拆卸的制动装置固定滚轮，并在其上涂防锈油。在变压器的两侧分别接上高低压母线。母线与变压器连接时，应用两把扳手，一把扳手固定套管压紧螺母，另一扳手旋转压紧母线的螺母，以防损坏套管。

在变压器的接地螺栓上安装地线。如果变压器的联结组别为 Y,yn，则还应将接地线与变压器低压侧的中线端子相连。

八、电力变压器投运前检查和投运、停运的规定

（1）变压器在投运之前，应对变压器本体及其附属设备进行详细的检查，确认变压器处于完好状态，具备运行条件，方可投入运行，其具体检查项目如下：

① 油枕和套管的油位。对停运中的变压器，油枕的油位应在周围气温相对应的油标刻度附近。

② 冷却系统是否已在启动状态。

③ 调压开关位置是否正确。

④ 一、二次侧有无短路地线。

⑤ 继电保护装置是否已按规定起用，对整定值有无疑问。

⑥ 高压侧为熔丝保护的变压器，应检在高压熔丝的状态。

⑦ 对修复后和新安装的变压器，应市查其试验报告，并检查一、二次接线是否正常。

（2）变压器停.送电的操作顺序规定。

变压器的停、送电操作顺序：停电时，先停负荷侧，后停电源侧，送电与停电顺序相反。

（3）变压器投入与停运的操作原则。

变压器各侧装有断路器时，投入或停运必须使用断路器，如果没有断路器，可用隔离开关开，合电压为 10 kV，电流为 5 A 以下的负荷，投入时必须先合隔离开关，后合断路，停运时相反。

九、电力变压器常见故障及原因分析

1. 声音异常

（1）正常响声。

变压器在运行时，由于绕组的励磁电流的场作用使有钢片振动，发出均写的"嘴响"声。

（2）异常响声。

① 如声音突然升高，原因可能有：运行的电压升高电压波形有变化，大容量动力设备起动，过载。

② 如声音变为嘶哑，原因可能有：铁芯松动结构上有螺栓或其他配件松动。

③ 如有"噼啪"的放电声，原因可能有：变压器内部或外部的绝缘损坏；绝缘子有严重污秽或线夹接触不良。

④ 如声音大且不均匀，并夹有爆裂和"咕喻"声，原因可能有：线圈内有局部（层间匝间）绝缘击穿；分接开关接触不良。

2. 油温异常

在正常运行情况下，油温不断升高，以致超过允许值，原因可能有：绕线局部有层间匝间短路；分接开关接触不良，接触电阻增大；冷却系统故障或缺油；铁芯片间绝缘或穿芯螺栓绝缘破坏，铁损增大；通风不利，二次回路中有大电流短路；油本身故障等。

3. 三相电压不平衡

变压器运行中三相电压超过允许值，或其中相、二相有升高或降低现象，原因有：断相，熔丝熔断或相断线；绕组局部发生匝间短路；三相负载不平衡，引起中性点位移；系统发生铁磁谐振等。

4. 变压器呼吸器或防爆管喷油

二次系统突然短路，保护拒动使变压器温度升高，以致油箱内压力增大而喷油，喷油后使油面降低，可能引起瓦斯继电器动作；变压器内部有短路，油枕出气孔有堵塞现象，油的呼吸器作用不能正常进行，造成喷油。

5. 油位降低

油箱渗漏油；油节门关闭不紧；采取油样时忽视及时检查油面情况；油面计堵塞。

6. 油色显著变化

运行时多次发生短路或经常过负荷运行；油温经常较高，油老化现象加剧；油质劣化；油内含有碳粒和水分；油的酸值增高，闪点降低。

7. 瓷套管闪络放电和爆炸

瓷套管密封不严，进水受潮而损坏；套管电容芯子质量不过关，内部游离放电；瓷套管表面严重污秽及瓷套有裂纹等。

8. 分接开关故障

变压器油箱有异声，温度高，瓦斯动作，线圈直流电阻不平衡，油的闪点降低的原因有：分接开关弹簧压力不足、触头滚轮压力不均，使接触面减小；镀银层的机械强度不够或严重磨损、接触不良，经受不住短路电流冲击，表面产生氧化油膜；分接头位置错误，产生电弧造成开关烧毁；分接开关相间距离不够或绝缘材料性能降低，在过电压情况下发生放电或短路造成烧毁。

任务二　认识设备绝缘的测量方法

一、绝缘的概念

绝缘电阻：加直流电压于电介质，经过一定时间极化过程结束后，流过电介质的泄漏电流对应的电阻称绝缘电阻。

绝缘电阻是电气设备和电气线路最基本的绝缘指标。对于低压电气装置的交接试验，常温下电动机、配电设备和配电线路的绝缘电阻不应低于 0.5 MΩ（对于运行中的设备和线路，绝缘电阻不应低于 1 MΩ/kV）。低压电器及其连接电缆和二次回路的绝缘电阻一般不应低于 1 MΩ；在比较潮湿的环境不应低于 0.5 MΩ；二次回路小母线的绝缘电阻不应低于 10 MΩ。I 类手持电动工具的绝缘电阻不应低于 2 MΩ。

二、影响绝缘阻值的因素

1. 环境温湿度

一般材料的绝缘电阻值随环境温湿度的升高而减小。相对而言，表面电阻（率）对环境湿度比较敏感，而体电阻（率）则对温度较为敏感。湿度增加，表面泄漏增大，导体电导电流也会增加。温度升高，载流子的运动速率加快，介质材料的吸收电流和电导电流会相应增加，有关资料指出，一般介质在 70 °C 时的电阻值仅是 20 °C 时的 10%。因此，测量绝缘电阻时，必须指明被测体与环境达到平衡的温湿度。

2. 绝缘体自身因素

当被测体受热和受潮时，绝缘材料会老化，其绝缘电阻便降低。

3. 测试时间

用一定的直流电压对被测材料加压时，被测材料上的电流不是瞬时达到稳定值的，而是有一衰减过程。在加压的同时，流过较大的充电电流，接着是比较长时间缓慢减小的吸收电流，最后达到比较平稳的电导电流。被测电阻值越高，达到平衡的时间则越长。因此，测量时为了正确读取被测电阻值，应在稳定后读取数值。在通信电缆绝缘电阻测试方法中规定，在充电 1 min 后读数，即为电缆的绝缘实测值。

三、测量方法

兆欧表（见图 3.16）法适合用在测量没有安装到管道上的绝缘（法兰）的绝缘电阻值。

测量的方法：首先按照兆欧表测量的方法连接各处线路。测量导线与管道的连接比较适合采用磁性接头或者夹子，而且连接点必须要除去锈迹。然后测量仪器宜为 500V/500 MΩ（这里的误差不能大于 10%）兆欧表。转动兆欧表手柄达到规定的转速，持续 10 秒，兆欧表稳定指示的电阻值即为绝缘接头（法兰）的绝缘电阻值，要求大于 10 MΩ。

兆欧表在工作状态下，仪器自身产生高电压，而测量对象又是电气设备，所以必须正确使用，否则就会造成人身或设备事故。

使用前，首先要做好以下各种准备：

（1）测量前必须将被测设备电源切断，并对地短路放电，决不允许设备带电进行测量，以保证人身和设备的安全。

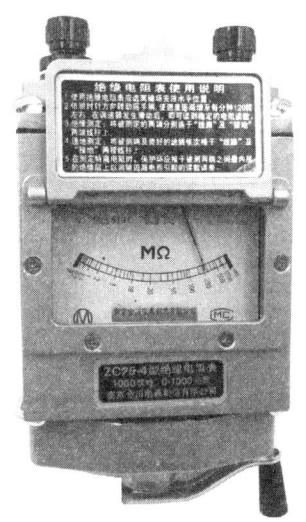

图 3.16　兆欧表

（2）对可能感应出高压电的设备，必须消除这种可能性后，才能进行测量。

（3）被测物表面要清洁，减少接触电阻，确保测量结果的正确性。

（4）测量前要检查仪器是否处于正常工作状态，主要检查其"0"和"∞"两点。检查兆欧表即摇动手柄，使电机达到额定转速，兆欧表在短路时应指在"0"位置，开路时应指在"∞"位置。

（5）仪器应放在平稳、牢固的地方，且远离大的外电流导体和外磁场。做好上述准备工作后就可以进行测量了。在测量时，还要注意正确接线，否则将引起不必要的误差甚至错误。绝缘电阻表的接线柱共有三个：一个为"L"（线端），一个为"E"（地端），再一个为"G"（屏蔽端，也叫保护环）。

※课堂小知识

注意事项

　　一般被测绝缘电阻都接在"L""E"端之间,但当被测绝缘体表面漏电严重时,必须将被测物的屏蔽环或不需测量的部分与"G"端相连接。这样漏电流就经由屏蔽端"G"直接流回发电机的负端形成回路,而不再流过绝缘电阻表的测量机构(动圈)。这样就从根本上消除了表面漏电流的影响,特别应该注意的是在测量电缆线芯和外表之间的绝缘电阻时,一定要接好屏蔽端钮"G",因为当空气湿度大或电缆绝缘表面不干净时,其表面的漏电流很大。为防止被测物因漏电而对其内部绝缘测量所造成的影响,一般在电缆外加一个金属屏蔽环,与绝缘电阻表的"G"端相连。当用绝缘电阻测试仪摇测电器设备的绝缘电阻时,一定要注意"L"和"E"端不能接反。正确的接法是:"L"线端钮接被测设备导体,"E"地端钮接地的设备外壳,"G"屏蔽接被测设备的绝缘部分。如果将"L"和"E"接反了,"G"将失去屏蔽作用,会给测量带来很大误差。另外,因为"E"端内部引线同外壳的绝缘程度比"L"端与外壳的绝缘程度要低,当绝缘电阻测试仪放在地上使用时,采用正确接线方式时,"E"端对仪表外壳和外壳对地的绝缘电阻,相当于短路,不会造成误差。当"L"与"E"接反时,"E"对地的绝缘电阻同被测绝缘电阻并联,而使测量结果偏小,给测量结果带来较大误差。

任务三　检测电力变压器的绝缘性能

一、作业准备

本次任务用到的工器具如表3.4所示。

表3.4　工器具辨别

序号	名称	作用	图示
1	电工工具套件	详见表1.8	
2	安全护具	详见表1.9	
3	高压验电笔	高低压验电笔一般是指测量范围在0.4 kV至10 kV的验电器,伸缩式声光交流验电器(语言验电器)是一种携带便利、重量轻、验电时有声光报警。	
4	放电棒	放电棒利用绝缘材料加工而成,具有能拉长,又能收缩的特点。便携式伸缩型高压放电棒便于在室外各项高电压试验中使用,特别在做直流耐压试验后,对试品上积累的电荷,进行对地放电,确保人身安全。伸缩型高压放电棒便于携带、方便、灵活,具有体积小、重量轻、安全。	
5	兆欧表	用于测量绝缘电阻的手摇式仪表。	

二、课内实践

《电力线路运行检修与施工》课内实践指导书

适用专业		课题名称	检测电力变压器的绝缘性能	课内实践课时	8
班级		学号		姓名	
一、实训目的 通过测量电力变压器绝缘电阻的基本练习，使学生掌握测量绝缘阻值设备的基本操作技能，增强学生对"电力线路运行检修与施工"等专业理论知识的理解，提高学生的综合动手能力，了解和掌握理论知识与实际情况的结合，为电力行业的就业打下良好的专业基础。					
二、实训任务 （1）测量电力变压器绝缘电阻的练习，要求掌握测量仪表的使用和试验及测量变压器绝缘电阻的基本要领和注意事项。 （2）时间安排。					

实训单项名称	具体内容	学时数
检测电力变压器的绝缘性能	测量电力变压器绝缘电阻。	4
检测电力变压器的绝缘性能	考查	4

三、实训预备知识 告知学生实训前要复习或学习的主要知识。 通过《电力线路运行检修与施工》理论课程的学习，学生应熟悉以下理论知识： （1）熟悉测量仪表的使用。 （2）熟悉电力变压器绝缘性能测量的方法。 （3）熟悉作业流程。 （4）熟悉应急处理技能。
四、主要仪器设备及使用、操作安全事项 设备：电力变压器×2台，绝缘电阻测试仪×4台，（检验验电器、绝缘手套、绝缘靴、放电棒等工器具）×2套，接线端子短接线3米×2条。 在实训过程中应遵守规章制度，服从安排，听从指挥并注意以下安全事项。 （1）正确操作绝缘电阻测试仪。 （2）电力变压器进行绝缘电阻测试时，外壳必须接地良好。 （3）严禁作业人员在实训室内玩耍嬉闹。 （4）必须认真实行安全监护制度
五、实训的组织管理 实训分组安排：每组5~8人，每组设置一位小组长和一位安全监护人员。
六、实训项目简介、步骤指导与注意事项 （一）项目简介 1.电力变压器的绝缘电阻测试 根据绝缘电阻测试仪测量出电力变压器的绝缘阻值，判断该电力变压器是否符合运行的要求。 （二）实训步骤指导 （1）按工作票要求停电，将被测变压器退出运行； （2）检验验电器、绝缘手套、绝缘靴、放电棒等工器具是否完好； （3）拆除变压器一次和二次的母线或导线； （4）将高、低压瓷套管擦干净，正确检查绝缘电阻测试仪；

(5) 进行变压器一次侧对地绝缘电阻的摇测，按要求正确接线，如图 3.17 所示；

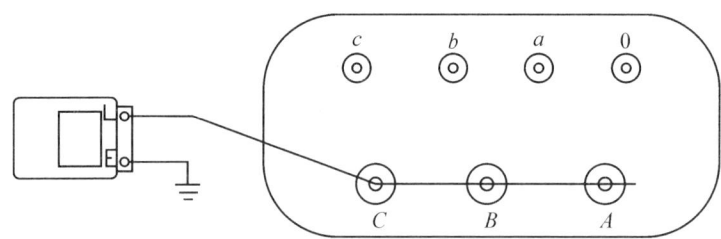

图 3.17　接线方式

(6) 两人操作，一人转动绝缘电阻测试仪手柄，另一人握住"L"端的测试线绝缘部分，将绝缘电阻测试仪转至：120 r/min，指针指向 ∞；

(7) 将"L"测试线夹紧变压器引出端，在 15 s 时读取一数（R15），在 60 s 时再读一数（R60），记录摇测数据；

(8) 待表针基本稳定后读取数值，先撤出"L"测线后再停摇绝缘电阻测试仪；

(9) 摇测前后均要用放电棒将变压器绕组对地放电（变压器属于电感性负载）；

(10) 如法摇测二次侧对地（如图 3.18 所示接线）及一次侧对二次（如图 3.19 所示接线）侧绝缘电阻的摇测；

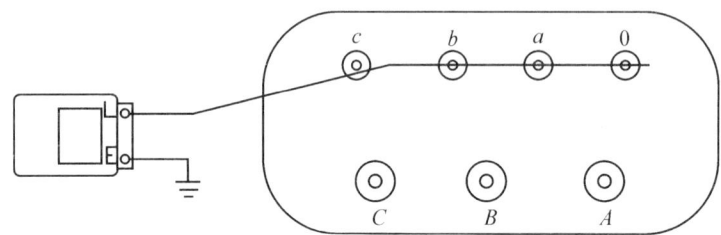

图 3.18　摇测二次侧对地绝缘电阻的接线方式

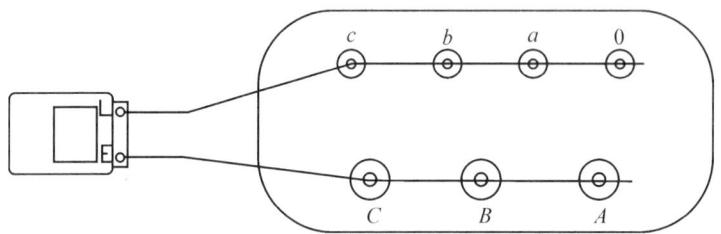

图 3.19　摇测一次侧对二次侧绝缘电阻的接线方式

(11) 摇测工作全部结束后，拆除相间短接线，恢复原状。

(三) 注意事项

(1) 已运行的变压器，在摇测前，必须严格执行停电、验电、接地线等规定，还要将高、低压两侧的母线或导线拆除；

(2) 必须由两人或两人以上来完成上述操作；

(3) 摇测前后均应将被测线圈接地放电，清除残存电荷，确保安全。

七、实训报告

根据实训内容、实训过程、实训要求及在实训中所学到和所掌握的操作技能撰写实训报告。

项目二　检调高压断路器

高压断路器是用来接通或开断电路各种工作状态的装置,如正常负荷、空载、过载或短路故障等的高压开关。无论系统处于什么状态,它都应可靠地动作,接通或断开电路断路器具有可靠的灭弧装置。它不仅要能通断正常的负荷电流,而且要能接通和承担一定时间的短路电流,并能在保护装置作用下自动跳闸,切除短路故障。断路器是电力系统中最重要的控制和保护设备,其文字符号为QF。

隔离开关与断路器配合使用控制电力线路时,断路器和隔离开关必须按照一定顺序操作:分闸时,先分断路器,后分隔离开关;合闸时,先合隔离开关,后合断路器。

对断路器有以下几点基本要求:

(1)绝缘应安全可靠,既能承受最高工频工作电压的长期作用,又能承受电力系统操作或冲击过电压时的短时作用。

(2)有足够的热稳定性和电动稳定性,能承受短路电流的热效应和电动力效应而不致损坏。

(3)有足够的开断能力,即使所在电路的短路电流为最大值,仍然能可靠地断开短路电流。

(4)动作速度快,熄弧时间短,尽量减轻短路电流造成的损害,并提高电力系统的稳定性。

任务一　认识高压断路器的组成

一、组　成

高压断路器型号及其含义如图3.20所示。高压断路器主要按采用的灭弧介质进行分类,可分为油断路器、压缩空气断路器、真空断路器、六氟化硫(SF_6)断路器、自产气断路器和磁吹断路器等。

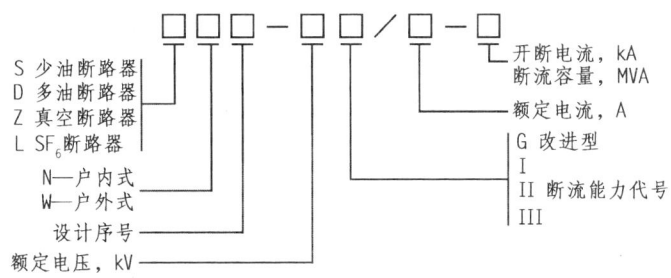

图3.20　高压断路器型号及其含义

二、高压断路器的基本参数

高压断路器的基本参数描述了其特性和工作性能。断路器的基本参数有额定电压、额定电流、开断电流、动稳定电流、热稳定电流、分闸时间、合闸时间。

1. 额定电压

额定电压是保证断路器能正常工作的电压。产品铭牌上标明的额定电压是指正常工作的线电压。额定电压决定着断路器的绝缘尺寸,对于 35 kV 以上的断路器来说额定电阻几乎决定了它的结构尺寸,同时也决定了断路器的熄弧条件。

考虑到输电线路始端与末端的电压可能不同以及电力系统调压的要求,对电器又规定了与额定电压相对应的最高工作电压,断路器应能长期在此电压下正常工作。按国家标准规定,对于额定电压在 220 kV 及以下的设备,其最高工作电压为额定电压的 1.15 倍;对于 220 kV 以上的设备,其最高工作电压为额定电压的 1.1 倍。

2. 额定电流

额定电流是指断路器可以长期通过的最大电流。断路器长期通过额定电流时,各部分的发热温度不超过允许值,额定电流决定着电器的发热情况,因而也决定着导电回路的尺寸。

3. 开断电流

开断电流是指断路器在某给定电压下能正常开断的最大短路电流。在额定电压下开断的最大短路电流称为额定开断电流,它表明断路器的断路能力。在低于额定电压下,开断的电流可以提高,但由于灭弧装置机械强度的限制,开断电流仍有一极限值,此极限值称为极限开断电流。

4. 动稳定电流

动稳定电流表明断路器能承受短路电流电动力作用的性能。动稳定电流是指断路器在闭合状态时能通过的而不至于妨碍其继续正常工作的短路电流最大瞬时值,此电流又称为极限通过电流,它取决于导电部分及支持绝缘部分的机械强度和触头的结构形式。

5. 热稳定电流

热稳定电流表明断路器能承受短路电流热效应的能力。当电流通过断路器时,在规定的时间内,温度不超过规定的允许发热温度,且无触头熔接和其他妨碍其继续正常工作的现象,这个电流通常等于断路器额定开断电流值。

6. 分闸时间

分闸时间是表明断路器开断过程快慢的参数。断路器从接到分闸命令起,到电弧熄灭为止的时间称为全分闸时间。全分闸时间包括固有分闸时间和燃弧时间。

7. 合闸时间

断路器从接到合闸命令起,到主触头刚接触为止的时间称为合闸时间。电力系统对合闸时间一般要求不高,但希望其能稳定。

三、油断路器

采用油作为灭弧介质的断路器叫油断路器。按照绝缘结构的不同,油断路器又可分为多油断路器和少油断路器两种。

多油断路器中的油除了作为灭弧介质外,还作为触头开断后的绝缘介质。由于它用油量多,不仅使断路器的体积庞大,消耗原材料很多,而且增加了爆炸和火灾的危险性。此外因油量太多,给断路器检修也带来很多困难,因此目前不推广使用。

少油断路器油箱中的变压器油只用来熄灭电弧,带电部分对地的绝缘主要采用固体绝缘体,如瓷件、环氧玻璃布和环氧树脂件。少油断路器相比于多油断路器,具有用油量少、重量轻、体积小等优点,在电力系统中还有一定的应用。

少油断路器主要由框架、传动机构和油箱等三个主要部分组成。图 3.21 所示为 SN10-10 型高压少油断路器。

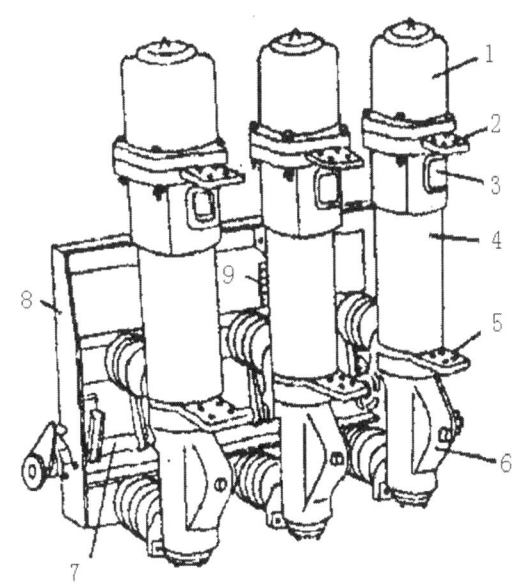

1—铝帽;2—上接线端;3—油标;4—绝缘箱(内装灭弧室及触头);
5—下接线端;6—基座;7—主轴;8—框架;9—分闸弹簧

图 3.21 SN10-10 型高压少油断路器

四、真空断路器

随着开关电器技术的蓬勃发展,电力系统设备正在倡导无油化,真空断路器以其独特的优势,正逐步取代少油路器。

真空断路器是利用气体分子稀少、不易游离、绝缘强度很高的"真空"(气压为 $10^{-2} \sim 10^{-6}$ Pa)灭弧的一种断路,其触头装在真空灭弧室内,当触头切断电路时,触头间将产生电弧,在电流过零瞬间,电弧立即熄灭,此时电弧中的带电离子通过扩散、冷却、复合以及吸附,使真空空间的电气强度迅速恢复。由于它能在电流第一次过零时熄灭，因此燃弧时间很短（至多半个周期），而且不致产生很高的过电压。

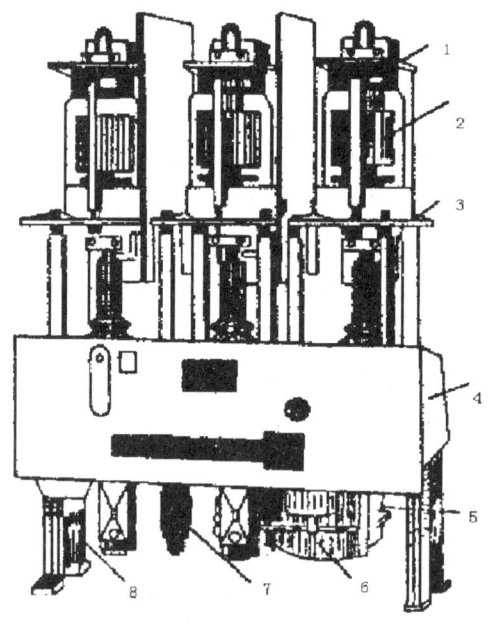

1—上接线端；2—真空灭弧室；3—下接线端；4—操作机构箱；
5—合闸电磁铁；6—分闸电磁铁；7—分闸弹簧；8—底座

图 3.22　ZN3-10 型真空断路器

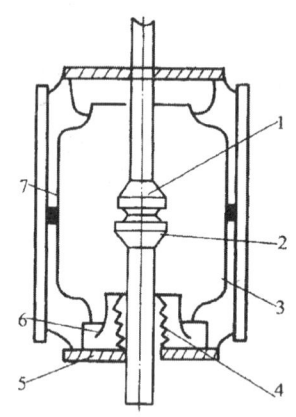

1—静触头；2—动触头；3—屏蔽罩；4—波纹管；5—与外壳封接的金属法兰盘；
6—波纹屏蔽罩；7—玻壳

图 3.23　真空断路器的灭弧结构

图 3.22 是 ZN3-10 型真空断路器的外形图。图 3.23 是真空断路器的灭弧结构图。真空灭弧室的中部有一对盘状的触头，在触头刚分离时，由于高电场发射和热电发射使触头间发生电弧。电弧温度很高，可使触头表面产生金属蒸气。随着触头的分开和电弧电流的减小，触头间的金属蒸气密度也逐减小。当电弧电流过零时，电弧暂时熄灭，触头周围的金属离子迅

速扩散，凝聚在四周的藏罩上，以致电流过零后在几微秒的极短时间内，触头间隙恢复到了原来的高真空度。因此电流过零后虽然电压很高，触头间隙也不会再次被击穿，即真空电弧在电流第一次过时就能完全熄灭。

真空断路器广泛用于35 kV及以下配电系统，它的特点是：（1）灭弧室作为独立的元件，安装调试简单、方便；（2）触头开距短，故灭弧室小巧，操作功率小，动作快，灭弧能力强，燃弧时间短，一般只需半个周期，电磨损少，使用寿命长；（3）防火防爆，操作噪声小；（4）可频繁操作，特别适用于开断容性负荷电流，并且开断能力强，目前开断短路电流已达50 kA；（5）具有多次重合功能，适合配电网要求。

五、六氟化硫（SF_6）断路器

六氟化硫（SF_6）断路器是利用SF_6气体作灭弧和绝缘介质的断路器。SF_6气体是无色无臭、不可燃、无毒的惰性气体，它的相对体积质量是空气的5.1倍，在150 °C以下时，其化学性能相当稳定。而且，SF_6气体还具有很高的电气绝缘强度和良好的灭弧性能。

在均匀电场和相同条件下，SF_6气体的绝缘强度是空气的2.5~3倍。在0.304 MPa（3个标准大气压）下，它的绝缘强度与油变压器的绝缘强度相同。因而，采用SF6气体作为电器的绝缘介质，可以大大缩小电器的外形尺寸，从而减少占地面积。根据统计，对于110 kV的户内设备，若采用SF_6气体全绝缘组合电器，占地面积只有原来户内设备的30%，体积只占原来的15%。若与户外设备相比较，占地面积只有敞开式的5%。但是，由于SF_6气体的电晕电压和起始放电电压相近，绝缘性能受电场均匀程度的影响较大，电场不均匀时，其击穿强度就会大大下降。所以，在SF_6断路器的绝缘结构中，应避免由于电场不均匀而出现的电晕现象。

SF_6气体具有良好的灭弧性能。首先，SF_6气体具有优良的电绝缘性能，在电流过零时，电弧暂时熄灭后，SF_6能迅速恢复绝缘强度，从而使电弧很快熄灭。其次，电流过零后，介质绝缘强度恢复很快，其恢复时间常数只有空气的1%，即它的介质恢复速度比空气快100倍，即它的灭弧能力比空气高100倍。另外，SF_6气体能与触头的金属蒸气化合为一种具有绝缘性能的白色粉末状的氟化物。而且，SF_6气体不含氧（O）元素，不存在触头氧化问题，因此使用寿命长。

SF_6断路器的结构按其灭弧方式分为双压式和单压式两大类。双压式具有两个气压系统，压力高的作为灭弧，压力低的作为绝缘。单压式只有一个气压系统，结构简单。灭弧时，靠压气活塞产生SF_6气体。

图3.24是LN2-10型SF_6断路器的外形图。SF_6断路器灭弧室的工作示意图如图3.25所示。断路器的静触头和灭弧室中的压气活塞是相对固定的。跳闸时装有动触头和绝缘喷嘴的气缸由断路器操动机构通过连杆带动，离开静触头，产生气缸与活塞的相对运动，压编SF_6，使之通过喷嘴吹弧，从而使电弧迅速熄灭。

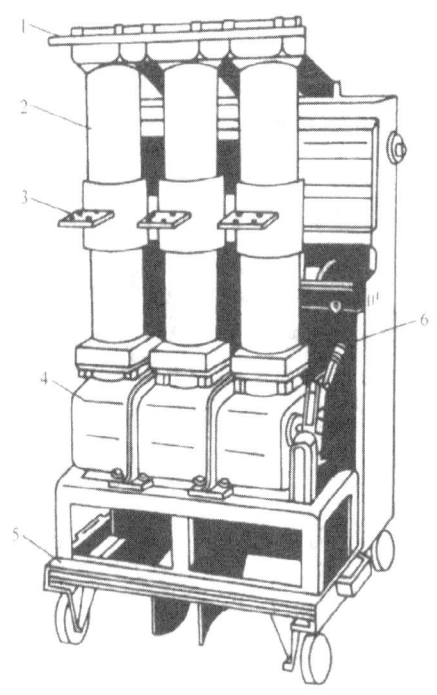

1—上接线端；2—绝缘筒（内为气缸及触头系统）；3—下接线端；
4—操作机构；5—小车；6—分闸弹簧

图 3.24　LN2-10 型 SF_6 断路器的外形

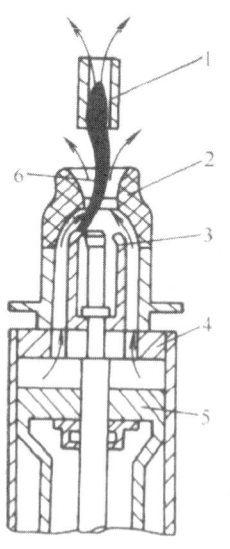

1—静触头；2—绝缘喷嘴；3—动触头；4—气缸；
5—压气活塞（固定）；6—电弧

图 3.25　SF_6 断路器灭弧室的工作示意图

SF_6 断路器具有以下优点：外形尺寸小，占地面积少；结构简单，无燃烧爆炸危险；开断能力强,电弧在 SF_6 中燃烧时,电弧电压特别低,燃弧时间也短,因而 SF_6 断路器触头烧损很轻微,适于频繁操作,检修周期长。

SF_6 的缺点是电气性能受电场均匀程度及水分等杂质影响特别大,故对 SF_6 断路器的密封结构、元件结构及 SF_6 气体本身质量的要求相当严格。此外,虽然 SF_6 气体本身无毒,但在电弧的高温作用下,会产生氯化氢等有强烈腐蚀性的剧毒物质,检修时应注意防毒。

六、其他类型断路器

1. 压缩空气断路器

采用压缩空气作为灭弧介质的断路器,叫作压缩空气断路器。这种断路器中的压缩空气除了作灭弧介质外,还作为触头开断后的弧隙绝缘介质。压缩空气断路器具有灭弧能力强动作迅速等特点,但结构复杂,有色金属消耗量大,因此一般只应用在 220 kV 及以上的高压大电力系统中。

2. 自产气断路器

利用固体绝缘材料在电弧作用下分解并产生气体来灭弧的断路器,称为自产气断路器。它的结构最为简单,耗材也少,但开断能力不大,通常只用在负荷大的低压配电装置中,故在低压电网中得到广泛应用。

3. 磁吹断路器

靠电磁力吹弧,利用狭缝灭弧原理将电弧吹入狭缝中冷却灭弧的断路器叫磁吹断路器。它具有频繁操作性能好、不需要油和空气压缩装置等优点,但结构复杂、费工费材、电压不高,所以一般只用在需要频繁操作、电压不高的场合。

任务二 检测、查找高压断路器的故障点

一、断路器在运行中发热的故障查找办法

1. 断路器在运行中发热故障的判断

值班人员在巡视中,如果发现断路器油箱外部的颜色变红,油位升高,有焦糊味或声音异常等现象时,可判断为断路器在运行中发热。

2. 断路器发热的原因

断路器过负荷,断路器动、静触头接触电阻过大。当然,断路器动触头插入静触头深度不够,协触头的触指查斜或压紧弹簧松弛,支持环断裂等也会引起断路器发热。

3. 断路器发热的危害

导致绝缘油的绝缘强度下降；发热严重会使消弧室的压力增大而引起断路器喷油。

4. 断路器发热时的应急处理办法

发热严重导致断路器喷油时，应立即将断路器停用进行检修。如果断路器发热是由于断路器的容量不够，则应更换容量适当的断路器，否则长期过热可能造成断路器突然故障，影响供电。

二、断路器拒绝跳闸的故障查找办法

断路器拒绝跳闸的危害很大。拒绝跳闸时，可能造成越级跳闸，扩大故障范围，造成大面积停电，还可能烧坏电气设备。

断路器拒绝跳闸的原因一般有：① 操作机构故障；② 操作回路故障；③ 直流电源故障；④ 继电保护故障。

断路器拒绝跳闸的判断：在运行中，值班人员若发现表计全盘摆动，电压表的指示值显著下降，继电器信号掉牌，光字牌亮，则可判断为断路器拒绝跳闸。

断路器拒绝跳闸的应急处理办法是：首先判断清楚断路器确实拒绝跳闸，然后立即手动跳闸。即手动将跳闸线圈内的铁芯顶上，使断路器跳闸。如有备用断路器，手动跳闸后，应立即合上备用断路器，尽可能减少停电时间。若备用断路器合上后，仍有拒绝跳闸的故障现象，则说明线路仍有故障，应立即将备用断路器手动跳闸。此时，说明直流电源有故障。

断路器的故障处理主要是根据不同的原因进行不同的处理。若继电保护故障，则应检查保护整定值是否正确，保护接线有无错误，接线有无松动，电压互感器、电流互感器有无故障等。若直流电源故障，应检查直流电源电压输出是否过低。若操作机构故障，应检查跳闸铁芯是否卡住，断路器的常开辅助接点是否接触不良等。若铁芯卡住或接点接触不良，应用抹布蘸上汽油擦拭干净。若操作回路故障，则有两种可能：一是跳闸回路中的熔断器可能熔断；二是跳闸回路可能发生断线或跳闸线圈烧坏故障。

任务三　检调故障高压断路器

一、断路器拒绝合闸的检调理办法

断路器拒绝合闸的危害是：当主供断路器发生故障，需要紧急投入备用断路器时，而备用断路器又因故拒绝合闸，使中断供电的时间延长，扩大事故。

断路器拒绝合闸的现象为：断路器的操作把手打于合闸位置，绿灯闪光，合闸红灯不亮，仪表无指示，喇叭响，分、合闸指示器仍在分闸位置。

断路器拒绝合闸的原因有：

（1）操作回路 1RD 或 2RD 其中一个熔断器熔断，或 1RD、2RD 同时熔断，操作回路无电源。在现场，1RD 和 2RD 中熔断一个可能性较大。

（2）合闸回路 3RD 或 4RD 其中一个熔断器熔断，或 3RD、4RD 同时熔断，合闸回路无合闸电源。在现场，3RD 和 4RD 熔断一个的可能性较大。

（3）合闸时间过短。

（4）操作回路内故障。在检查 1RD、2RD、3RD、4RD 均无问题后，合闸时间也不过短，此时可初步判断为操作回路内故障，具体故障部位的判断方法如下：若操作把手置于合闸位置而信号灯的指示不发生变化，可能是控制开关接点或断路器辅助接点或合闸接触器接触不好，也可能是合闸线圈烧坏。若合闸红灯不亮，而同时合闸绿灯又熄灭了，可能是红灯灯泡烧坏。

二、断路器自动跳闸的检调办法

断路器自动跳闸有两种：一是运行中的断路器在线路有故障时保护装置动作的自动跳闸，属于正常跳闸；二是线路无故障而断路器自动跳闸。对于前者，本节不做讨论，只讨论断路器在无故障时的自动跳闸，又称误跳闸（下同）。

断路器误跳闸的危害是：中断对用户的供电，影响铁路运输生产或居民生活用电。

断路器误跳闸的原因有：

（1）人员误操作或保护装置误动作。

（2）跳闸脱扣机构非正常时也可造成自动跳闸；电磁机构的定位螺杆调整不当，造成拐臂三点过高，或弹簧变形、弹力不足或滚轮损坏等，当受到震动时，断路器可能发生自动跳闸。

（3）操作回路中发生两点接地时，也可能造成断路器自动跳闸。原因是发生两点接地，若短接跳闸线圈，则引起断路器自动跳闸（相当于保护装置动作）。

断路器误跳闸的应急处理：若属于误操作，应立即进行合闸操作；若属于机构或操作回路中问题，则应立即进行处理。处理完后，手动合上断路器或利用重合闸合上断路器，保证对用户的正常供电。需要注意的是：若不属于误操作，在有备用断路器的条件下，应合上备用断路器，将中断供电时间减少到最低程度。

三、断路器自动合闸的检调办法

断路器自动合闸的原因可能有：

（1）直流回路中正、负两点接地，启动了合闸元件，使断路器自动合闸。

（2）重合闸继电器内某元件故障，使断路器自动合闸。如时间继电器常开接点误闭合。

（3）其他原因造成的断路器自动合闸。如直流系统瞬间因各种原因发生脉冲，使合闸接触器（启动电压较低）启动自动合闸。

当断路器自动合闸后，值班人员应立即将断路器分开。若自动合闸于短路点或接地的作业线路上，断路器因保护装置动作而跳闸，应对自动合闸后短路电流穿越的设备（包括断路器）进行检查，主要是检查设备有无被短路电流烧坏。

项目三 检调高压隔离开关

隔离开关是高压开关的一种，它是以空气为绝缘，在无负载的情况下接通或断开电路的电器。它在断开位置时形成明显可见且足够长的断开距离，把需要检修的设备与电源可靠地隔离，以保证检修工作的安全；在闭合时，电流能可靠地流通。隔离开关在配电装置中的用量最多，通常为断路器的3～4倍。但是，隔离开关没有专门的灭弧装置，不能用来接通和断开负荷电流和短路电流，会在触头间形成电弧，这不仅会损坏隔离开关，而且会引起相间短路，对工作人员也十分危险。因此，一般只有在电路已被断路器断开的情况下，才能操作隔离开关。

隔离开关的主要用途如下：

（1）隔离电源。利用隔离开关断开时的可靠绝缘能力，将需要检修或分段的电气设备与带电电网可靠隔离。为确保检修工作的安全，隔离开关还附有接地装置，供检修时使用。

（2）倒闸操作。在隔离开关断开等电位时，可以带负荷进行分、合闸操作，从而实现双母线或不长并联线路的接线方式的变换。

（3）接通和切断小电流电路。利用隔离开关在断开时将电弧拉长和空气的自然熄弧能力，分合较小的电流，如闭路开关的旁路电流、空载线路的电容电流和空载变压器的励磁电流等。在下列情况下可以直接对隔离开关进行操作。

① 开、合电压互感器或避雷器。

② 开、合母线和直接连接在母线设备上的电容电流。

③ 开、合变压器中性点的接地线，但中性点上接有消弧绕组时，只有在系统没有接地故障时才可以操作。

④ 与断路器并联的旁路隔离开关，当断路器在合闸位置时，可开、合断路器的旁路电流。

⑤ 开、合励磁电流不超过2 A的空载变压器和电容电流不超过5 A的无负荷线路。

⑥ 户外三连隔离开关可开、合电压10 kV及以下，电流15 A以下的负荷电流。

⑦ 开、合电压10 kV及以下，70 A以下的环路均衡电流。

按照隔离开关所担负的工作任务，应具下列基本要求：

（1）隔离开关应具有明显的断开点，易于鉴别电气设备之间否隔开。

（2）隔离开关断开点间应具有可靠的绝缘，即断开点间有足够的绝缘距离。应保证在过电压及相间闪络的情况下，不至于引起击穿而危及工作人员安全。

（3）要有足够的短路稳定度。隔离开关在运行中，会受到短路电流热效应及电动力的作用，所以要求有足够的稳定度。尤其不能因电动力的作用而自动断开，否则将引起严重的后果。

（4）结构简单、动作可靠。户外型隔离开关在恶劣的自然环境中，应能可靠地进行分、合操作。

（5）隔离开关若附有接地开关，则必须装设连锁机构，以保证先断开隔离开关，后闭合接地开关；先断开接地开关，后闭合隔离开关的操作顺序。

任务一 认识高压隔离开关的组成

按不同的原则,可对隔离开关进行不同的分类。按装设地点,分为户内式和户外式;按绝缘支杆的数目,分为单柱式、双柱式和三柱式;按隔离开关的运行方式,分为水平旋转式、垂直旋转式、摆动式和插入式;按有无接地开关,分为单接地、双接地和无接地开关式;按操动机构类别,分为手动、电动和气动等。

隔离开关的型号如图 3.26 所示。如 GN10-10T/600 表示户内型,设计序号为 10,工作电压为 10 kV,额定电流为 600 A 的隔离开关。GW9-10/600 表示户外型,设计序号为 9,工作电压为 10 kV,额定电流为 600 A 的隔离开关。这种开关常装设在供电部门与用电单位的分界杆上,称为第一断路隔离开关。

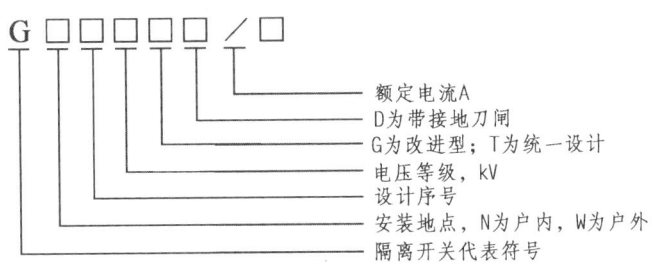

图 3.26 隔离开关的

一、隔离开关的结构

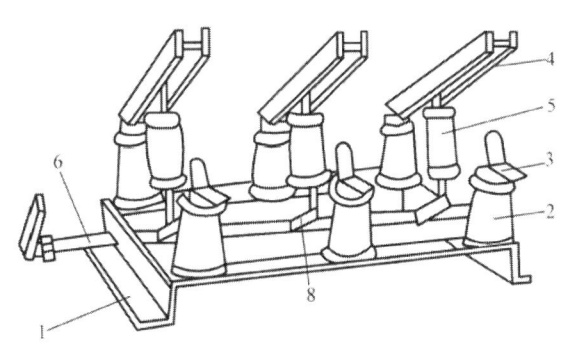

图 3.27 GN2-10/400 型户内隔离开关结构图

隔离开关结构简单,无灭弧装置时有明显的断开点,其分、合状态很直观,如图 3.27 为 GN2-10/400 型户内隔离开关结构图,可分为以下几个部分。

(1)导电部分。导电部分由一条弯成直角的铜板构成静触头,其有孔的一端可通过螺钉与母线相连接,叫连接板;另一端较短,合闸时其与动刀片(动触头)相接触。

两条铜板组成接触条,又称为动触头,可绕轴转动一定的角度,合闸时其夹住静触头。两条铜板之间的夹紧弹簧用以调节动、静触头间的接触压力,同时两条铜板在流过相同方向的电流时,它们之间产生相互吸引的电动力,这就增大了接触压力,提高了运行可靠性。接触条两端安装的镀锌钢片叫磁锁,它保证在流过短路电流时,磁锁磁化后产生相互吸引的力量,加强触头的接触压力,从而提高了隔离开关的动热稳定性。

(2) 绝缘部分。动、静触头分别固定在支持绝缘子或套管瓷瓶上。为了保证动触头与金属的、接地的传动部分绝缘,还可采用瓷质绝缘的拉杆绝缘子。

(3) 传动部分,主要有主轴、拐臂、拉杆和绝缘子等。

(4) 底座部分。底座部分由钢架组成,用于支撑瓷瓶或套管瓷瓶以及传动主轴。底座应接地。

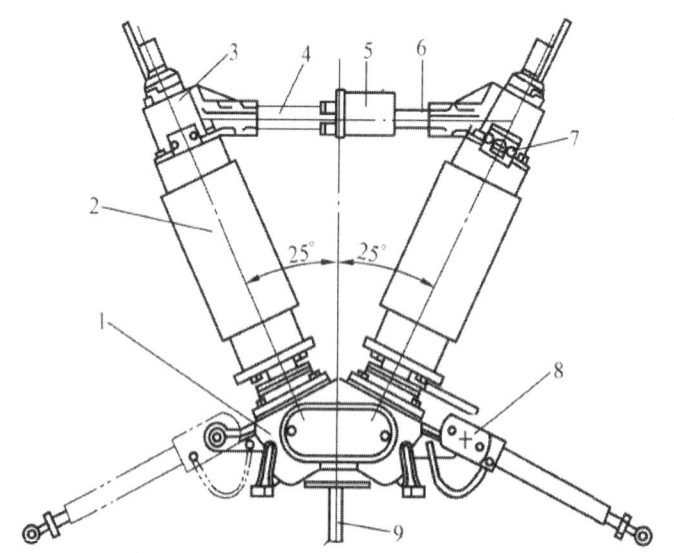

1—底座;2—支柱瓷瓶;3—触头座;4、6—主闸刀;5—触头及防护罩;
7—接地静触头;8—接地闸刀;9—主轴

图 3.28 V 型隔离开关

如图 3.28 所示为 V 型隔离开关,它是由双柱式隔离开关改进而成,其最大优点是重量轻,占用空间小。近年来在 35～110 kV 网络中得到广泛应用。现场用三个单极组装成一组三相隔离开关。这种隔离开关每极有两个棒式绝缘子,形成 V 型布置。隔离开关做成两半,可动触头成楔形连接。当进行操作时,两个棒式绝子以相同的速度做相反方向(一个顺时针,另一个逆时针)的转动,两半闸刀同时绕绝缘子轴线转动,使隔离开关接通或断开,至两半闸刀各转至 90°时终止。

二、隔离开关的操动机构

发电厂和变电所的配电装置中,装设的隔离开关一般都有操动机构。由于操作手柄与隔离开关相隔一定距离,应用操动机构操作的隔离开关可以提高工作的安全性。操动机构可使隔离开关的操作简化,还可实现隔离开关操动构与断路器操动机构之间的相互闭锁,以防误动作。

隔离开关的操动机构有手动杠杆操动机构、手动蜗轮操动机构、电动操动机构和气动操动机构等。当隔离开关采用电动操动机构或气动操动机构时,可实现远距离控制和自动控制。

现在的发电厂和变电所中,广泛地采用手动操动机构,因为它的结构简单,价格低廉。

由于隔离开关没有消弧装置,它与断路器配合使用时,必须在相应的断路器切断后才可以操作隔离开关,否则将在隔离开关的刀片与触头之间产生很大的电弧,除了会使邻近的配电装置发生严重的短路和损坏外,还会直接危及操作人员的人身安全,造成严重的电气事故。为了防止隔离开关误操作,可在相应的断路器和隔离开关之间,采用防止误操作的闭装置。目前广泛采用的是在手动操动机构上安装机械闭锁装置。对闭锁装置的要求是当断路器处于合闸状态时,隔离开关是不能进行断路操作的,这就可以防止误拉隔离开关。

任务二　检测、查找高压隔离开关的故障点

隔离开关没有专门的灭弧装置,不能用来切断故障电流和短路电流,因此,隔离开关一侧不允许带负荷操作。

隔离开关主要用来在电气设备停电检修时,使停电检修设备与带电设备之间有一个明显、可看到的断路点。另外,利用隔离开关可改变运行方式,如将设备或线路用隔离开关从一组母线切换到另一组母线上;可开和合电压互感器或避雷器;可开、合仅有电容电流的母线设备;可开、合电压为 10 kV 及以下和电流在 70 A 以下的环路均衡电流;允许用(户外型三相联动)隔离开关开、合电压为 10 kV 及以下和电流为 15 A 以下的负荷电流;可开、合容电流不超过 5 A 的无负荷电力线路。

一、隔离开关自动掉落合闸的故障点查找办法

隔离开关自动掉落合闸的危害:可能会造成设备事故或人身事故,如线路正在停电作业,而又违章忘记采取加锁等措施时,会将电送至作业区段,严重威胁作业人员的人身安全;线路上有地线,又可能烧坏供电设备。

隔离开关自动掉落合闸的原因:开关本身问题即弹簧销子的弹力减弱,销子行程太短等;外部原因即震动撞击,导致隔离开关自动掉落合闸。

隔离开关自动掉落合闸的应急处理:遇到此情况后,有关人员应分情况尽快进行处理。当断开的隔离开关一端有电,另一端是停电作业线路,开关自动掉落合闸后,将电送至作业区段,应尽快将隔离开关拉开;但在拉开时,必须在隔离开关所能作用的工作范围内,否则,此时保护未动或有关熔断器未熔断,将会造成带负荷操作隔离开关,扩大事故范围。当开关上方有断路器,且断路器在断开位时,应按照有关安全规定,做好安全措施后及时进行处理。

二、隔离开关拉不开的故障点查找办法

隔离开关拉不开是指开关本身在合闸位置,需要分闸时开关拉不开。原因一般有:传动机构和刀口的转轴处生锈,在冬季,还有可能是冰、雪冻结。

隔离开关拉不开可能会延误例闸时间或能响作业。根据原因不同,在现场应采取不同的

处理办法。但总要求是，通过轻摇动开关把手，找出故障在开关或机构上的确切位置。若故障地点在刀闸的接触部分，应将开关退出运行后进行检修。需要注意的是，当开关拉不开的时候，切不可强行硬拉，以防将隔离开关瓷瓶拉断。

任务三　检调故障高压隔离开关

一、隔离开关合不上的检调办法

隔离开关合不上的危害：若隔离开关合不上发生在送电时（送电时间已到），会影响对用户的供电，特别是对自闭信号的供电，耽误列车。

隔离开关合不上的原因一般有：一是机械方面原因，有可能发生轴销脱落、铸铁断裂、楔栓退出等机械故障；二是电气回路方面的故障而导致隔离开关合不上。

遇到隔离开关合不上的故障时，应用绝缘棒进行操作或用其他工具转动每相隔离开关的转轴。但应注意，用绝缘棒操作时，绝缘棒应经绝缘试验合格。无论是用绝缘棒操作还是利用其他工具转动开关转轴，都应在保证人身安全的条件下进行。

二、隔离开关在运行中接触处过热的处理办法

隔离开关接触处发热的原因：隔离开关接触部分因氧化接触电阻过大；隔离开关过负荷；接触处在拉、合过程中烧伤而接触不良。

隔离开关发热的三种辨别方法：触头处变色漆颜色的变化；触头处试温片颜色的变化；触头本身颜色的变化，如过热后触头发暗。

隔离开关过热的应急处理办法：首先查清楚过热的原因，然后根据具体原因采取不同的处理办法。若因过负荷引起发热，应采取减小负荷临时处理的办法；若长期过负荷而发热，应考虑将开关换为较大容量、与负荷相适应的隔离开关；若触头因电弧烧伤接触不好而发热，应将开关退出运行，再进行打磨处理或更换触头；若因表面氧化接触不好而发热，将开关退出运行打磨即可。

但应注意，如果发热隔离开关所带用户重要而暂时不能停电，应采取人工风冷方式降低隔离开关温度，有关人员应对发热开关加强监视。

项目四　检调高压熔断器

高压熔断器用于高压输配电线路、电力变压器、电流互感器、电压互感器、电力电容器等电气设备的过载及短路保护。高压熔断器是在电网中人为设置的一个最薄弱元件，用以保护电气装置免遭过电流或短路电流作用而引起损坏。当过电流流过时，元件本身（熔丝）

发热熔断，借灭弧介质的作用使电路断开，达到保护电气设备的目的。由于熔断器具有结构简单、价格便宜、维护方便、体积小等优点，在低于 35 kV 的小容量电网中被广泛采用。高压熔断器按其使用场所可分为户内式和户外式；按其熔体动作特性可分为固定式和自动跌落式；按其工作特性可分为有限流作用的和无限流作用的。

高压熔断器熔丝的融化时间应符合以下规定：

（1）当通过熔体的电流为额定电流的 130% 时，熔化时间应大于 1h。

（2）当通过熔体的电流为额定电流的 200% 时，必须在 1 min 以内熔断。

（3）保护电压互感器的熔断器，当通过熔体的电流在 0.6~1.8 A 范围内时，其熔断时间不超过 1 min。

高压熔断器的型号含义如图 3.29 所示。

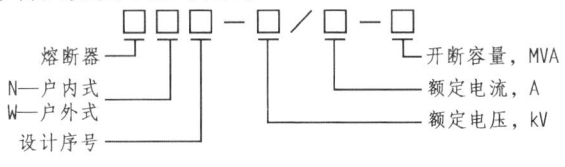

图 3.29　高压熔断器的型号含义

任务一　认识高压熔断器的组成

一、户外跌落式高压熔断器

1. 户外跌落式熔断器结构

户外高压熔断器都采用自动跌落式，俗称跌落保险，以常用的 RW3-10 型自跌落式熔断器为例说明，其外形如图 3.30 所示。

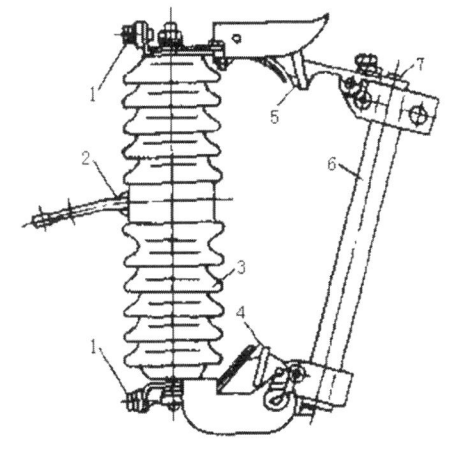

1—端部螺栓；2—紧固板；3—绝缘瓷套管；4—下触头；
5—上触头；6—熔管；7—熔丝

图 3.30　户外跌落式高压熔断器的外形

（1）导电部分。

导电部分被保护导线与端部螺栓相连，使熔断器连接于被保护电路中，正常工作时，上触头、熔丝管、下触头构成闭合回路，使被保护电气设备接通。

（2）熔丝管。

熔丝管由熔管、熔丝等组成，熔管外层为纸管或环氧玻璃布管，管内壁套以消弧管，消弧管的材质是石棉，它的作用是防止熔丝熔断时产生的高温电弧烧坏熔管，另一作用是有利于灭弧，RW3-10 型熔断器熔丝外形如图 3.31 所示，熔丝在中间，两端为软、裸、多股铜绞线作为引线，拉紧两端的引线通过螺钉分别压接在熔管两端的接线端上。

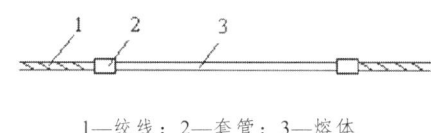

1—绞线；2—套管；3—熔体

图 3.31　RW3-10 型熔断器熔丝外形

（3）绝缘部分。

绝缘部分指绝缘瓷套管，利用它将导电与非导电部分绝开来。

（4）固定部分。

在绝缘瓷套管的腰部有固定安装板。

跌落式熔断器的工作原理是：利用熔丝本身的机械拉力，将熔管的触头闭紧，以保持合状态。当通过短路电流或过负荷电流而熔断时，熔管内形成电，在电高温作用下分解出大量气体，使管内压力急剧增大，气体向外高速喷出，产生强烈的去游离作用，在电流过零时将电路熄灭，与此同时，由于熔丝熔断，熔丝的拉力消失，熔管由于自重自动跌落，形成明显的断开距离。

跌落式断路器开断大电流的能力强，燃弧时间约 10 ms，而开断小电流的燃弧时间则较长。它没有使电流强迫过零的能力，即不会出现截流，故过电压较低。跌落式断路器的熔管结构有两排气和分极排气两种，分极排气式熔断器的断流能力比较大。

跌落式熔断器在开断电弧时，会喷出大量的游离气体，并发出很大的响声，故一般只在户外使用。

2. 常用 6～10 kV 户外跌落式熔断器

RW3-10 型户外跌落式熔断器，主要用于保护变压器和配电线路。其中 RW3-10Z 型是自动重合闸跌落式高压熔断器，每相装有两只熔管，其中一只常用，一只备用。在备用熔管下面有一重合闸机构，当熔管落下来时，隔一段时间（0.3 s 以内），借助于重合闸机构而自动重合。

RW4-10 型户外跌落式高压熔断器，广泛用于杆上变压器及高压配电所进户户端。它具有性能好、寿命长、成本低等优点，可用直接分合熔断管的方法来分合线路和配电变压器。

3. 户外跌落式熔断器的安装

户外跌落式熔断器安装时，应符合以下要求：

（1）安装应牢固可靠，向下有 20°~30°的倾斜角。

（2）熔管长度合适，合闸后被鸭嘴舌头扣住的触头长度要在其本身长度的 2/3 以上，以防止运行中发生自掉，但熔管也不能顶住鸭嘴以防熔丝熔断后，熔管不能跌落。

（3）重合式跌落熔断器要求熔丝熔断后，熔管掉下打动曲柄，使备用熔管自行合上，因此熔管与垂直线的夹角要呈 30°。如果角度太小，熔丝熔断后熔管掉不下来；如果角度太大，掉下来的熔管打动曲柄的力不够，备用熔管不能合上，起不到重合的作用。

（4）熔丝的机械强度不应小于 150 N/mm^2，熔丝的额定电流不能大于熔断器额定电流。

（5）10 kV 用跌落式熔断器相间安装距离不小于 600 mm。

二、户内限流式高压熔断器

限流式熔断器一般采用瓷质熔管内充石英砂填料的密闭管式熔断器，常用的有 RN1 型和 RN2 型两种。其中，RN1 型适用于小容量电气设备和配电线路的短路保护，也可以作过载保护，其熔体流过通过主电路的电流，因此其结构尺寸较大，额定电流可达 100 A；RN2 型适合于作电压互感器一次侧的短路保护，由于电压互感器二次侧全部接阻抗很大的电压绕组，致使它接近于空载工作，其一次侧电流很小，因此 RN2 型的结构尺寸较小，其熔体额定电流一般为 0.5 A。

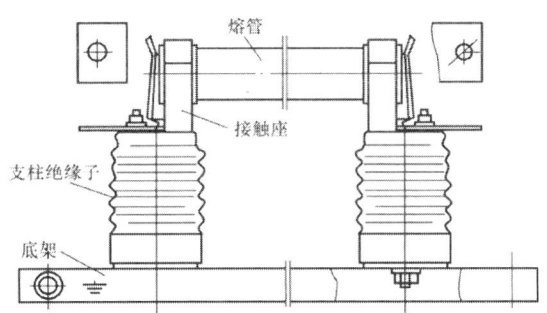

图 3.32　RN1、RN2 型高压熔断器的外形

图 3.32 是 RN1、RN2 型高压熔断器的外形结构；图 3.33 是其熔管剖面示意图。由图 3.31 可知，熔断器的工作熔体（铜熔丝）上焊有小球。锡的熔点比较低，过负荷时锡球受热首先熔化，包围铜熔丝，铜锡的分子互相渗透而形成熔点较低的铜锡合金，使铜熔丝能在较低的温度下熔断。因此，熔断器能在不太大的过负荷电流或较小的短路电流时动作，提高了保护的灵敏度。过电流时图中指示熔体 4 也熔断，熔断指示器 7 弹出，告知运行人员发生故障。熔断器的熔管内充填石英砂，熔丝熔断时产生的电弧完全在石英砂内燃烧，因此灭弧能力很强，能在短路后不到半个周期（10 ms）时间内，即短路电流未达到峰值之前完全熄灭电弧（强

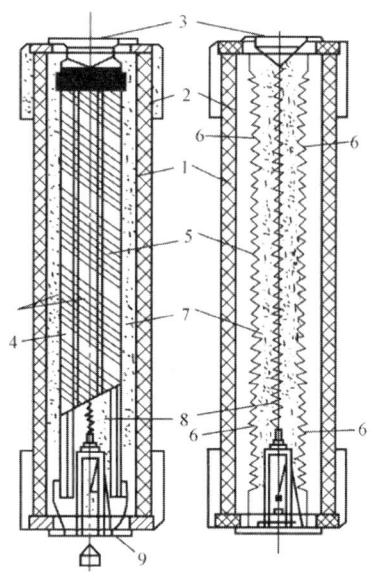

(a) 额定电流小于 7.5 A　　(b) 额定电流大于 7.5 A

1—熔管；2—端盖；3—顶盖；4—陶瓷心；5—熔件；
6—小锡球；7—石英砂；8—指示熔件；9—弹簧

图 3.33　呼吸器结构示意图

迫过零），从而使熔断器本身及其所保护的设备不必考虑短路冲击电流的影响，所以这种熔断器称之为"限流"式熔断器。这种限流特性对于限制短路电流，降低电气设备动、热稳定的要求具有重要意义。但是由于在电弧电流过零之前就会熄弧，会有截流过电压产生。由于这种熔断器在开断电路时无游离气体排出，故在户内装置中广泛使用。

图 3.33 中采用几根细铜丝并联构成工作熔体是为了在产生电弧时，热量容易散发，有利于熄弧。而且用铜做熔丝可以使截面很小，熔化时产生的金属蒸气少，在石英砂中形成的洞小，也有利于熄弧。

图 3.33 中的石英砂填料的颗粒大小要合适。如果太小，电弧的渗透能力较小，石英砂对电弧的冷却效果差，电弧能量集中在附近的石英砂上，从而使附近的石英砂熔化，与熔化的金属蒸气结合形成金属硅酸盐。这种物质的导电性能好，形成导电路径，电弧不易熄灭。如果颗粒太大，整个填料的冷却表面积相对较小，没有足够的面积来冷却电弧和吸收电弧能量，也不利于灭弧。一般石英砂填料的颗粒直径选为 0.2 ~ 0.3 mm。

任务二　更换高压熔断器（以 10 kV 跌落式熔断器为例）

一、作业（操作）方法、步骤

（1）选择所需材料工器具。

（2）规范着装。
（3）熔丝安装选择。
（4）登杆工具及安全工具试验。
（5）登杆。
（6）杆上工作位置合适。
（7）跌落式熔断器安装。
（8）螺栓穿向。
（9）引线的连接。
（10）杆上拉合试验。
（11）工作竣工验收，安全文明生产。

二、质量标准

（1）工作服、安全帽、安全带等穿戴规范。
（2）工器具满足工作需要，工器具完好。
（3）熔丝安装规格匹配，松紧适当。
（4）登杆前对登杆工具和安全用具进行冲击试验。
（5）检查杆根，登杆动作熟练。
（6）杆上操作位置选择适当，安全带系在牢固构件，无落物。
（7）操作熟练、工具使用正确，跌落式熔断器安装倾角符合有关规定（倾角为15°～30°）。
（8）螺栓穿向正确，紧固，吊起，放下工具材料不准碰杆。
（9）对安装后的跌落保险进行拉合试验。
（10）工器具摆放整齐，场地清洁，杆上无遗留物。

项目五　检调避雷装置

避雷器是配电网的主要防雷元件，用来防止雷电产生的过电压波沿线路侵入变配电站、配电变压器、柱上油开关、电力电缆及计量装置等设备。避雷器的类型有阀型避雷器、排气式避雷器、金属氧化物避雷器、保护间隙。这里介绍阀型避雷器、氧化锌避雷器和保护间隙。

任务一　认识避雷器的构成

一、阀型避雷器

如图3.34所示，阀型避雷器由火花间隙和阀片组成，装在密封的瓷套管内。火花间隙由数个圆盘形的铜质电极组成,每对间间隙用 0.5~1 mm 厚云母片(垫圈式)隔开。在正常工作电压下,火花间隙不会被击穿,从而隔断工频电流。但在雷电过电压时,火花间隙做击穿放电。阀片是用碳化硅制成的,具有非线性电阻特征。在正常工作电压下,阀片电阻值较高,起到绝缘作用,而在雷电过电压下电阻值较小。当火花间隙击穿后,阀片能使电流泄放到大地中。雷电流的作用时间是非常短暂的,随后就是工频电流作用在阀电阻上,这个电流叫作工频续流。续流时间长了就会烧坏阀电阻。火花间隙会迅速地切断续流,保证线路恢复正常运行,必须注意:雷电流流过阀片时要形成电压降(称为残压),施加在被保护电力设备上,残压不能超过设备绝缘允许的耐压值,否则会使设备绝缘击穿。

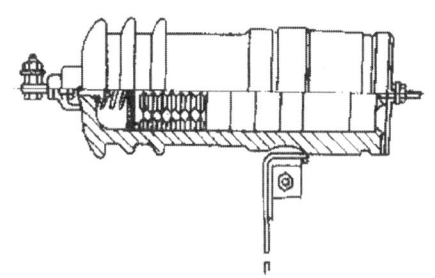

图 3.34 阀型避雷器

对阀型避雷器在使用中的要求是:首先,火花间隙的冲击伏秒特性曲线应该平滑,在任何情况下都不能在被保护设备绝缘的伏秒特性曲线之上。当避雷器的伏秒特性曲线超出被保护设备的伏秒特性曲线时,雷击时被保护设备在避雷器动作之前就击穿了。避雷器的残压是绝缘配合中的主要数据,此值越低越好。长期运行的避雷器,其残压能有 ±5% 的变化。其次是为了避雷器能很好地切断续流,应使网络的最高电压低于避雷器的最大允许电压。

阀型避雷器在运行中,瓷套不得有裂纹、损坏及掉釉等现象。安装时应尽量靠近被保护设备。接地装置的接地电阻应符合规程要求。避雷器至接地装置的接地引线要求短而且直。如采用阀型避雷器保护变压器,接地引线相当长时,避雷器已经动作了,变压器仍可视为零电位。此时除有避雷器的残压外,还有接地引线的电感压降、接地电阻的压降,三者一起作用于变压器,可能将变压器击穿,此时避雷器没有发挥作用。接地引线也不准套入铁管中,因为雷电流经接地线流入大地时,在铁管中产生磁感应电动势,造成环流,由此产生磁通而阻止磁场变化,增加了波阻抗,也相当于增大了接地电阻。

避雷器投入运行前应做下列预防性试验。

(1)绝缘电阻试验。试验前应将避雷器表面擦净,以免测量中引起误差。采用 2 500 V 摇表测量绝缘电阻,使用中的阻值应大于 2 000 MΩ,非使用中的应大于 2 500 MΩ。

(2)工频放电电压试验。工频放电电压上下限一般是给定的。当避雷器结构被确定之后,冲击系数就被确定了,工频放电电压高了会影响避雷器的保护特性。但也不能过低,因为火花间隙的切断比给定时,降低工频放电电压将使避雷器的灭弧电压降低,结果是不能切断续流。

（3）泄漏电流试验。虽然避雷器的阀电阻在电压较低时其阻有变大，但仍然是不可能达到无限大，所以泄漏电流总是存在的，其数值规定不超过 10 A。

二、氧化锌避雷器

氧化锌避雷器外形如图 3.35 所示，它的电阻片具有优越的非线性，在正常工作电压下，只有微安级电阻性电流流过，因此可不用串联间隙。在过电压的作用下无放电延时，大气过电压作用后没有工频续流，可以耐受多重雷击。同时其具有持久的抗老化能力，是理想状态的避雷器。其放电特性与理想的避雷器的伏安特性曲线很接近，而且因氧化锌避雷器不带间隙，可避免表面积污、淋雨对电压分布及放电电压的影响。

对避雷器的主要要求是：在正常工作电压下，希望避雷器的电阻非常大，泄漏电流非常小；在过电压时又希望避雷器的电阻非常小，大电流泄得越快越好；同时，还希望流过雷电流时，在避雷器上形成的残压比较低，而且动作快、安全可靠。MOA 型氧化锌避雷器恰好具备这些要求。

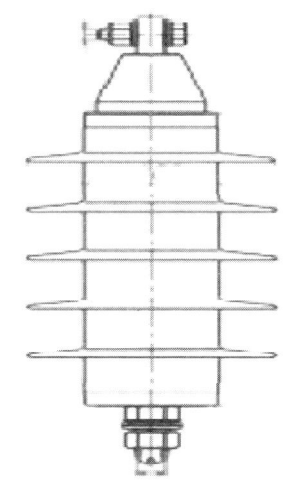

图 3.35 氧化锌避雷器外形

三、保护间隙

保护间隙是用圆钢做的两个电极，一个接地，一个接入被保护设备。在正常运行时，间隙承受设备的额定相电压，而不被击穿，保持对地绝缘。在受雷击时，间隙被击穿，把雷电流引入大地，保护设备绝缘不被击穿。间隙常做成羊角形的，如图 3.36 所示。间隙在被击穿时会产生电弧，由于电弧的电动力及热的作用，间隙的羊角部分把电弧拉向顶部，随着电弧的拉长，弧柱受到充分冷却，以及弧柱电阻增加而自行熄灭。所以，羊角间隙除了能起放电的作用，本身还能很好地灭弧。羊角间隙的缺点是灭弧时间较长，往往引起继电保护动作，这在继电器的动作时间上应得到很好配合。

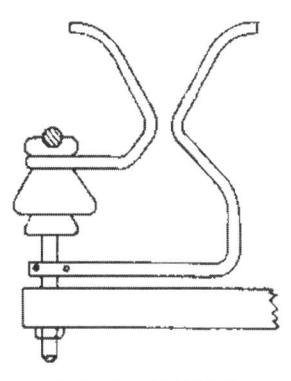

图 3.36 保护间隙

任务二　更换杆上避雷器

一、作业（操作）方法、步骤

（1）劳保用品穿戴齐全。
（2）检查材料工具。

（3）确认安全措施和作业范围。

（4）检查杆身、杆基。

（5）正确登杆。

（6）正确选择作业站位。

（7）正确使用安全带。

（8）将绳索系在电杆或牢固的框架上。

（9）避雷器安装。

（10）引线连接。

（11）工作结束，清理现场。

二、质量标准

（1）选择所需材料工器具符合工作需要。

（2）对避雷器进行外部检查、清洁。

（3）按规定穿戴安全帽、工作服等。

（4）登杆前对登杆工具和安全用具进行冲击试验。

（5）工具使用正确，无落物。

（6）避雷器与各部件引线安装美观，牢靠，不受力。

（7）工器具摆放整齐，场地清洁，杆上无遗留物。

三、应急处理技能

（1）作业人员符合作业资格。

（2）杆身不得有纵向裂缝，横向裂缝宽度不应超过 0.1 mm，长度不超过 1/3 周长，杆身弯由不超过 2%，表面不应有蜂窝、露盘等缺陷。

（3）杆上作业应背工具包，将轻便、重要的工具仪表、材料应放在包内。

（4）严禁从电杆受力侧上下。

（5）登杆接近杆顶时，要防止横担碰头。

（6）严禁上下抛扔工具、材料。

（7）用绳索上下工具、材料时，严禁撞击杆身、地面。

（8）当改变作业位置或转身时，应注意使受力腿站稳。

（9）检查杆根，登杆动作熟练。

（10）避雷器安装符合有关规定，避雷器与横担连接牢固，吊起放下工具材料不准碰杆。

情境四　电缆线路设备检修

项目一　绝缘电缆线路的施工

任务一　认识绝缘电缆的结构

一、电力电缆的发展

电力电缆线路在电力系统中是用来传输和分配电能的,电缆的出现距今已有120多年的历史。1890年,英国开始安装10 kV单相电缆。在1910年以后逐步发展使用20 kV及35 kV的三芯电缆。美国在1934年敷设了第一条20 kV充油电力电缆。法国于1952年和1960年先后制成了380～425 kV和500 kV充油电缆,并于20世纪70年代初在一些国家投入运行。聚氯乙烯和聚乙烯绝缘电缆是在20世纪50年代初开始发展的。目前,在中低压领域,电缆的生产技术已日臻成熟。

我国电力电缆的生产是在20世纪30年代后期开始的,到1949年电缆的生产规模还很小,能力还很薄弱。新中国成立后,随着电力工业的迅速发展,电缆工业也迅猛发展。在1951年研制成6.6 kV铅包纸绝缘电力电缆,并在此基础上,生产了35 kV及以下黏性浸渍纸绝缘电力电缆的系列产品。1966年生产了第一条66 kV充油电缆,同时研制生产了110 kV充油电缆。在1968年和1973年先后研制生产了220 kV和330 kV充油电缆,并在刘家峡、新安江等水电站投入运行。1983年研制了500 kV充油电缆。我国在交联电缆研制和应用领域比发达国家起步晚,1976—1983年试研制生产了10～110 kV交联聚乙烯绝缘电缆。之后,110 kV及以下产品已能成批生产,1998年开始应用于短距离的500 kV输电线路。今后我国将发展特高压自容式充油电和特高压管道充气电缆。

目前,在大城市的供电,工厂矿山企业内部的供电,一些发电厂的引出线及水下输电线路等,多采用电力电缆线路。随着新材料、新技术的开发和应用,电力电缆制造工艺逐渐简化、质量不断提高,造价逐渐降低以及施工趋于简便,使得电力电缆的应用日益扩大。

二、电力电缆的使用

随着电缆制造技术的进步,66 kV以下的输配电线路工程都可选用具有允许温度高、载流量大、绝缘性能好及介电常数和介质损耗角小的交联聚乙烯绝缘电缆(简称交联电缆)来取代传统的油浸渍绝缘电缆（简称纸绝缘电缆）。近年来，也有很多的 110~220 kV 输配电线路采用交联电缆取代传统的自容式充油电缆（简称充油电缆）情况。

因为交联电缆属于绝缘电缆，不存在浸渍油涡流、油压过高或过低等问题，所以它不受线路标高差制约。

充油电缆结构可靠、寿命长，虽然要加设供油装置而增加了运行维护工作，但从安全运行角度看却能以油压值来监视电缆金属护套的完好状态，必要时还能从电缆线路中抽取绝缘油进行交流耐压、介质损耗及色谱分析等试验，据此来判别电缆绝缘的老化程度，如发现超标时可安排时间进行处理，能最大限度地避免因电缆绝缘击穿而引起突发性的停电事故。110 kV 以下的充油电缆绝缘结构采用低损耗绝缘纸（经过脱离子水洗处理的低密度纸），这类绝缘纸的使用温度为 85 °C，比普通纸高，介电常数和介质损耗角正切值也有所改善。但其介电常数的值仍在 3.3~3.4 之间，介质损耗角正切值仍在 0.002~0.003 之间，若用于 220 kV 以上的电压等级，则由介质损耗而引起的温升仍然很大。为此，近年开发了比低损耗绝缘纸绝缘特性更优良的纸塑复合绝缘材料，但其制造成本高昂，目前仅用于 500 kV 以上的充油电缆和钢管电缆。电缆绝缘材料的使用温度和介质特性见表 4.1。

表 4.1 电缆绝缘材料的使用温度和介质特性

电缆绝缘结构	使用温度/°C	介电常数/ε	介质损耗角正切值 $\tan\delta$
普通绝缘纸	80	3.7	0.004
低损耗纸绝缘	85	3.4	0.003
低塑复合绝缘	85	2.8	0.001
聚乙烯绝缘	75	2.3	0.001
乙丙橡胶绝缘	80	4.0	0.003
交联聚乙烯绝缘	90	2.3	0.001

钢管充油电缆（简称钢管电缆）的绝缘结构基本上与自容式充油电缆相同，但油压值比自容式充油电缆高，允许最低油压一般为 0.7 MPa。正常运行时，油油压值一般为 1.2~1.5 MPa，因此钢管电缆绝缘击穿电压也稍高于自容式充电电缆。一般认为钢管电缆比充油电缆具有更好的抗外力破坏性能。

钢管灌充 SF_6 气体电缆（简称 SF_6 电缆）的结构是用环氧树脂绝缘子做支座，把导体固定在钢管内，然后在钢管内灌充 0.3~0.5 MPa 的 SF_6 气体。从结构看，SF_6 电缆是封闭式 SF_6 组合电器的派生产品，已脱离了传统电缆的结构形式，因此，多数 SF_6 电缆由高压电器制造厂家生产。SF_6 电缆的主要特点如下：

（1）载流量大，相当于同等截面积的架空线，SF_6 电缆的导体和绝缘子都收纳在钢管内，不受外界污秽物影响，维护工作少。

（2）SF_6 气体的介电常数约等于1，在同一等级电压条件下电容量仅为普通纸绝缘充油电缆的 1/10，即使作为长距离超高压线路也无需加设电抗调相设备。

（3）介质损耗微小，SF_6 气体散热效果好，因此由介质损耗引起的温升可以忽略不计。

（4）制造长度受运输条件制约，一般出厂长度仅为 12~14 m，因此现场焊接接头多，而且焊接后要彻底清除残留在管内的杂质。使用 SF_6 电缆工作量大、施工周期长，一般都不作为长距离输电线路用，只作为 100~300 m 短距离的 110~500 kV 发电厂和变电站内的联络线或进出线用。

（5）只有在单回路电缆不能满足所需输送容量时，采用 SF_6 电缆才有其经济价值。

运行资料显示，电缆线路的故障除遭受外力破坏以外，绝大多数都是出自电缆接头，因此，对接头施工工艺，特别是 110 kV 以上交联电缆接头的要求更为严格。

三、电力电缆的种类和结构

1. 电力电缆的种类

电力电缆有很多类型，根据电压等级、线芯截面积、导体芯数、截面形状、绝缘材料及结构特点等分为以下几类。

（1）根据电压等级分类电力电缆可分为低压电力电缆（1 kV）、中压电力电缆（3~35 kV）和高压电力电缆（60~5 000 kV）。低压电力电缆使用最多，一般厂矿企业配电线路都使用。中压电力电缆常用在一些大中型企业的主要供电线路、地区配电网以及在发电厂重要负荷和发电机出线中。高压电力电缆适用于一些不宜采用架空导线的输配电线路以及过江海底敷设等场合。

（2）根据导体材料分类可分为铜芯电缆和铝芯电缆两种。

（3）根据导体标称截面积分类：电力电缆的导电线芯是按一定等级的标称截面积制造的，这样既便于制造，也便于施工。我国电力电缆目前的规格是：10~35 kV 电缆的导电部分截面积为 16 mm^2、25 mm^2、35 mm^2、50 m^2、70 mm^2、95 mm^2、120 mm^2、150 mm^2、185 mm^2、240 mm^2、300 mn^2、400 mm^2、500 mm^2、625 mm^2 和 800 mm^2，共 15 种，目前 16~400 mm^2 之间的 12 种是常用的规格；110 kV 及以上电缆的截面积规格为 100 mm^2、240 mm^2、400 mm^2、600 mm^2、700 mm^2、845 mm^2 和 920 mm^2，共 7 种，现在已有 1 000 mm^2 及以上规格。

（4）根据导体芯数分类电力电缆可分为单芯、二芯、三芯、四芯和五芯电缆，共 5 种。在工作电流较大的回路或水下敷设，且技术经济济比较合理时，可采用单芯电缆；直流供电回路，宜采用二芯电缆，当需要时可采用单芯电缆；单芯电缆也可在特殊场合使用（如高压电机引出线等）；66 kV 及其以上电压等级的充油、充气高压电缆多为单芯。1 kV 及以下电源中性点直接接地时，TN-C 方式供电单相回路应采用二芯电缆；TT 方式供电单相回路应采用二芯电缆；三芯电缆主要用于三相交流电网中，并在 35 kV 及以下的各种电缆线路中得到广泛的应用；四芯电缆多用于低压配电线路、中性点接地的 TT 方式供电回路和 TN-C 方式供电回路（四芯电缆的第四芯截面积通常为主线芯截面积的 40%~60%）；五芯电缆用于低压配电线路、中性点接地的 TN-S 方式供电回路中。

（5）根据截面形状分类电力电缆线芯截面分为圆形、半圆形和扇形三种，如图 4.1 所示。

圆形和半圆形线芯用得较少，扇形线芯大量使用于 1~10 kV 三芯和四芯电缆。三芯电缆的每个扇形芯呈 120°，有的四芯电缆中每个芯成 90°，有的四芯电缆中三个主要线芯各为 100°，而第四个芯为 60°，如图 4.2 所示。

（6）根据结构特点分类电力电缆可分为统包型、分相型、钢管型、扁平型及自容型等。

（7）根据绝缘材料分类电力电缆可分为油浸纸绝缘、塑料绝缘及橡胶绝缘等，此外还有低温电缆和超导电缆。

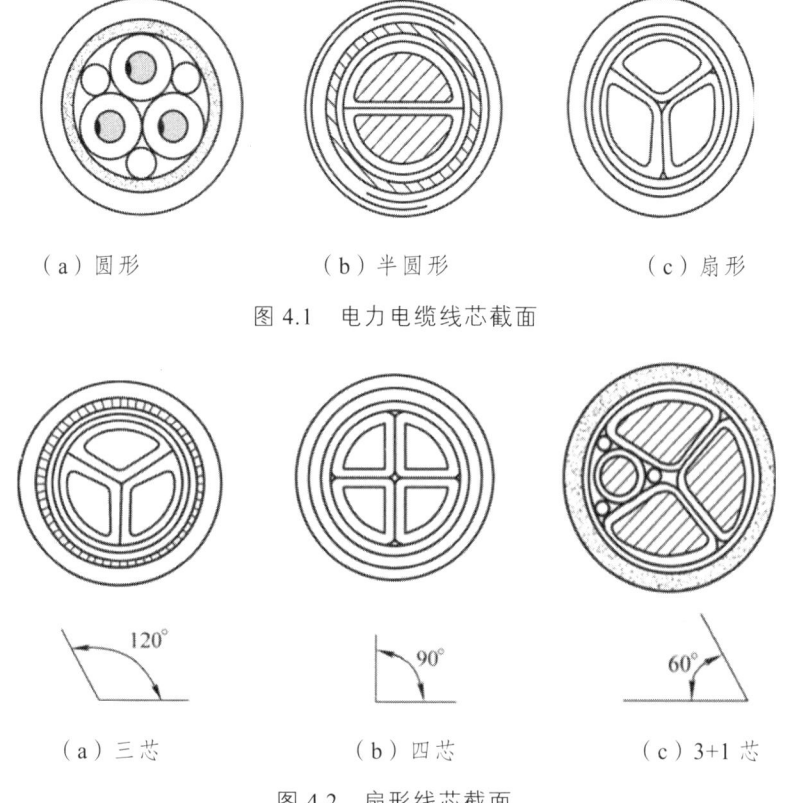

（a）圆形　　　　　　（b）半圆形　　　　　　（c）扇形

图 4.1　电力电缆线芯截面

（a）三芯　　　　　　（b）四芯　　　　　　（c）3+1 芯

图 4.2　扇形线芯截面

2. 电力电缆的基本结构

电缆的基本结构由导电线芯、绝缘层、屏蔽层和保护层四部分组成。

（1）导电线芯。导电线芯分铜芯和铝芯两种，用于传输电能，要求具有良好的导电性。根据电缆的不同品种与规格，线芯可以制成实体，也可以制成绞合线芯，绞合线芯系由圆单线和成型单线绞合而成。

（2）绝缘层。用于保证电能沿导电线芯传输，在电气上使导电线芯与外界隔离，必须具有良好的绝缘性能和耐热性能。

（3）屏蔽层。10 kV 及以上的电缆一般都有导体屏蔽层和绝缘屏蔽层。导体屏蔽层的作用是消除导体表面的不光滑（多股导线绞合产生的尖端）所引起的导体表面电场强度的增加，使绝缘层和电缆导体有较好的接触。同样，为了使绝缘层和金属护套有较好接触，一般在绝缘层外表面均包有外屏蔽层。油浸纸绝缘电缆的导体屏蔽材料一般用金属化纸带或半导电纸带。绝缘屏蔽层一般采用半导电纸带。塑料绝缘电缆和橡皮绝缘电缆的导体或绝缘屏蔽材料分别为半导电塑料和半导电橡皮。对于无金属护套的塑料绝缘电缆和橡皮绝缘电缆，在绝缘屏蔽层外还包有屏蔽铜带或铜丝。

（4）保护层。保护层分内护层和外护层两部分。电缆在运输、储存、敷设和运行中，保护层对绝缘层起保护密封作用，使其不受外界潮气浸入，不受外界损伤，保持绝缘性能。因此，保护层材料的密封性和防腐性必须良好，并且有一定的机械强度。多芯电缆绝缘线芯间，还需增加填芯和填料，以便将电缆绞制成圆形。

3. 几种常见电力电缆的结构

（1）油浸纸绝缘电力电缆。这种电缆是历史最久、应用最广和最常用的一种电缆。由于其寿命长，耐热、耐电性能稳定，材料资源比较丰富，故在各种电压等级的电缆中都被广泛采用。油浸纸绝缘电力电缆是以纸为主要绝缘，以绝缘浸渍剂充分浸渍制成的。根据浸渍情况和绝缘结构的不同，油浸纸绝缘电力电缆又可分为普通黏性浸渍纸绝缘电缆、滴干绝缘电缆、不滴流浸渍绝缘电缆、油压油浸纸绝缘电缆及气压油浸纸绝缘电缆。

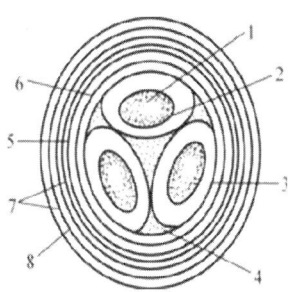

1—导体；2—芯绝缘；3—统包绝缘；4—填充材料；5—铅包；
6—沥青防腐层；7—沥青黄麻层；8—铠装层线

图 4.3 三芯统包型电缆结构示意图

① 普通黏性浸渍纸绝缘电缆是一般常用的油浸纸绝缘电缆。电缆的浸渍剂是由低压电缆油和松香混合而成的黏性浸渍剂。根据结构不同，这种电缆又分为统包型、分相铅（铝）包型和分相屏蔽型。统包型电缆的多线芯共用一个金属护套，这种电缆多用于 10 kV 及以下电压等级线路。分相铅（铝）包型电缆的每个绝缘线芯都有金属护套。分相屏蔽型电缆的绝缘线芯分别加屏蔽层，并共用一个金属护套。后面两种电缆多用于 20～35 kV 电压等级线路。如图 4.3 所示为三芯统包型电缆结构示意图。

② 滴干绝缘电缆是绝缘层厚度增加的黏性浸渍纸绝缘电缆，浸渍后经过滴出浸渍剂制成。滴干绝缘电缆适用于 10 kV 及以下电压等级和落差较大的场合。

③ 不滴流浸渍绝缘电缆的结构、尺寸与滴干绝缘电缆相同，用不滴流浸渍剂浸渍制成。不滴流浸渍电缆适用于电压等级不超过 10 kV、高落差电缆线路以及热带地区。

④ 油压油浸纸绝缘电缆包括自容式充油电缆和钢管充油电缆，适用于 35 kV 以及更高电压等级的电缆线路。自容式充油电缆有单芯和三芯两种结构。钢管充油电缆采用高黏度的电缆油，一般为三芯。

⑤ 气压油浸纸绝缘电缆包括自容式充气电缆和钢管充气电缆。多用于 35 kV 以及以上电压等级的电缆线路中。

（2）塑料绝缘电缆。塑料绝缘电缆制造简单，重量轻，终端头和中间接头制作容易，弯曲半径小,敷设简单,维护方便,并具有耐化学腐蚀和一定的耐水性能,适用于高落差和垂直敷设的场合。塑料绝缘电缆有聚氯乙烯绝缘电缆、交联聚乙烯绝缘电缆、聚乙烯绝缘电缆和阻燃聚氯乙烯绝缘电缆。

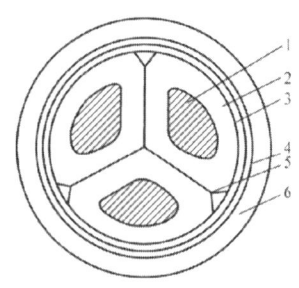

1—线芯;2—聚氯乙烯绝缘;3—聚氯乙烯内护套;
4—铠装层;5—填料;6—聚氯乙烯外护套

图 4.4 聚氯乙烯电缆结构图

① 聚氯乙烯绝缘电缆的绝缘层由聚氯乙烯挤包制成。该电缆化学稳定性高,安装工艺简单,材料来源丰富,能适应高落差敷设,敷设维护简单方便。但因其绝缘强度低、耐热性能差、介质损耗大,并且在燃烧时会释放氯气,对人体有害和对设备有严重的腐蚀作用,所以一般只在 10 kV 及以下电压等级线路中应用。其基本结构图如图 4.4 所示。

② 交联聚乙烯绝缘电缆是近几年来发展起来的很有前途的塑料绝缘电缆。这种电缆允许温升高,允许载流量较大,耐热性能好,适用于垂直、高落差和有振动的场所敷设。其介电性能优良,但抗电晕、游离放电性能差。这种电缆接头工艺较严格,但对工艺技术水平要求不高,因此便于推广,它是一种比较理想的电缆,多用于 6 kV 及以上乃至 110~220 kV 的电力电缆线路中。

③ 聚乙烯绝缘电缆具有优良的介电性能,但抗电晕、游离放电性能差。其工艺性能好,易于加工,耐热性差,受热易变形,易延燃,易发生应力龟裂。

④ 阻燃聚氯乙烯绝缘电缆是在聚氯乙烯绝缘中加阻燃剂,即使明火烧烤,其绝缘也不会燃烧。当线路中或接头处发生事故时,电缆不会因局部过热而燃烧,扩大事故范围。该电缆适用于 10 kV 及以下的电缆线路中。

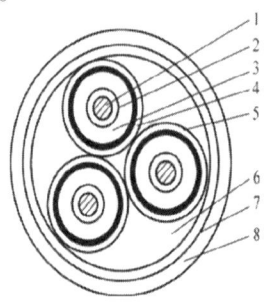

1—线芯;2—线芯屏蔽层;3—橡皮绝缘层;4—半导电屏蔽层;5—铜带屏蔽层;
6—填料;7—橡皮带;8—聚乙烯外护套

图 4.5 橡皮绝缘电力电缆的结构图

（3）橡皮绝缘电力电缆。其绝缘层为丁苯橡皮或丁基橡皮。该电缆柔软性好，易弯曲，有较好的耐寒性能、电气性能、机械性能和化学稳定性，具有良好的抗水性，对气体、潮气及水的渗透性较好，但耐电晕、臭氧、热及油的性能较差。因此，一般只用在 10 kV 及以下的电力电缆线路中。适合于移动频繁、敷设弯曲半径小的场合，经常用作海底电缆、矿用电缆、船用电缆以及采掘机械、X 光机用电缆。其基本结构如图 4.5 所示。

四、电力电缆的型号

1. 电力电缆的型号表示方法

我国电缆产品的型号由若干个大写的汉语拼音字母和阿拉伯数字组成，字母表示电缆的用途类型、绝缘材料、导体材料、内护层材料及特征；数字表示铠装层和外被层类型，一般由两位数字组成，第一位数字表示铠装，无数字则代表无铠装层，第二位数字表示外被，无数字代表无外被层。表 4.2、表 4.3 给出了电缆型号中各部分字母及数字的含义。

表 4.2 电缆型号中各字母的含义

类别		绝缘种类		导体材料		内护层		派生结构	
字母	含义	字母	含义	字母	含义	字母	含义	字母	含义
省略	电力电缆	Z	纸	L		Q	铅包	D	不滴流
K	控制电缆	V	聚氯乙烯	T（省略）		L	铝包	F	分相金属套
P	信号电缆	X	橡皮绝缘			Y	聚乙烯护套	P	屏蔽
B	绝缘电线	Y	聚乙烯			V	聚氯乙烯护套	CY	充油
Y	移动式软电缆	YJ	交联聚乙烯			H	橡套	Z	直流
H	市内电话电缆	XD	丁基橡胶			HF	非燃型橡套	ZR	阻燃

表 4.2 电缆型号中各数字的含义

代号	铠装层	外被层
0	无	纤维外被
1	联锁钢带	聚氯乙烯外护套
2	双钢带	聚乙烯外护套
3	细圆钢丝	
4	粗圆钢丝	
5	皱纹钢带	
6	双铝带或铝合金带	

电缆型号按电缆结构一般以下列次序排列：绝缘材料、导体材料、内护层和外护层。

2. 电缆产品的规范表示法

一般，一条电缆的规格除标明型号外，还应说明电缆的芯数、截面积、工作电压和长度，如 ZQ_{21}-3×95-10-300，表示铜芯、纸绝缘、铅包、双钢带铠装、纤维外被层层、三芯、截面积为 95 mm²、额定电压为 10 kV 和长度为 300 m 的电力电缆。$YJLV_{22}$-3×150-10-400，表示铝芯、交联聚乙烯绝缘、双钢带铠装、聚氯乙烯外护套、三芯、截面积为 150 mm²、额定电压为 10 kV 和长度为 400 m 的电力电缆。VV_{42}-3×50-10，表示铜芯、聚氯乙烯绝缘、粗圆钢丝铠装、聚氯乙烯外护套、三芯、标称截面积为 50 mm² 和额定电压为 10 kV 的电力电缆。

五、电力电缆的载流能力

电力电缆载流能力是指某种电缆在输送电能时允许传送的最大电流值。导体流过电流时会发热，绝缘层中会产生介质损耗，保护层中有涡流等损耗。如果在某一状态下发热量等于流量，则这个载流量称为允许载流量或安全载流量。

电力电缆在实际运行中的载流量有三类：一是长期工作条件下的允许载流量，二是短时间允许通过的电流，三是短路时允许通过的电流。

1. 电缆长期允许载流量

当电缆导体温度等于电缆最高长期工作温度，电缆中的发热与散热达到平衡时的负载电流，称为电缆的长期允许载流量。当环境温度变化时，电缆埋设环境温度不一样，长期允许载流量也不同，应乘上校正系数。对于不同截面积的电缆，当埋设于地下的土壤热阻系数不同时，载流量校正系数也不一致。

2. 电缆允许短路电流

电缆线路如发生短路故障时，由于短路时间很短，一般只有几秒钟或更短时间，电缆导体中通过的电流可能达到其长期允许载流量的几倍甚至几十倍。由短路电流所产生的热量使导体发热、温度升高，但由于短路时间短暂，绝缘层温度升高很少，因此，规定当系统短路时，电缆导体的最高允许温度不宜超过相关规定。

根据 GB 50217—2018《电力工程电缆设计规范》，电缆导体的长期允许工作温度、短路时的最高允许温度不应超过表 4.3 所规定的数。

表 4.3 常用电力电缆导体的最高允许温度

电缆			最高允许温度/℃	
绝缘类型	型式特征	电压/kV	持续工作	短路暂态
聚氯乙烯	普通	≤1	70	160（140）
交联聚乙烯	普通	≤500	90	250
自容式冲油	普通牛皮纸	≤500	80	160
	半合成纸	≤500	85	160

注：括号内数值适用于截面大于 300 mm² 的聚氯乙烯绝缘电缆。

任务二　检查绝缘电缆线路的施工设备

不同型号的电力电缆,其特性和使用范围也不同,在工程实践中应根据实际条件和敷设要求选用合适的电缆,关于电缆的使用范围可参照工程手册。一般情况下,应优先选用交联聚乙烯绝缘电缆,其次是不滴流浸渍绝缘电缆,最后为普通黏性浸渍纸绝缘电缆。在电缆敷设环境高差较大时,不应使用黏性浸渍纸绝缘电缆。

一、电缆导体材质的选择

通常用铝和铜作电缆导体材料。根据 GB 50217—2018《电力工程电缆设计规范》,对于电机励磁、重要电源及移动式电气设备等需保持连接具有高可靠性的回路中的电力电缆;振动剧烈、有爆炸危险或对铝有腐蚀等严酷工作环境的电力电缆;耐火电缆;紧靠高温设备布置的电力电缆;安全性要求高的公共设施的电力电缆;工作电流较大,需增多电缆根数时的电力电缆,应选用铜导体。其他场所用电缆视具体情况选用铝或铜作为导体。

二、电缆外护层类型的选择

1. 电缆的外护层选择应符合的要求

(1)交流单相回路的电力电缆,不得有未经非磁性处理的金属带及钢丝铠装。

(2)在潮湿、含化学腐蚀环境或易受水浸泡的电缆,金属套、加强层及铠装上应有挤塑外套,水中电缆的粗钢丝铠装还应有纤维外被。

(3)除低温-20 ℃以下环境或药用化学液体浸泡场所,以及有低毒难燃性要求的电缆挤外套宜用聚乙烯外,其他情况下均可采用聚氯乙烯外套。

(4)用在有水或化学液体浸泡场所的 6~35 kV 或 35 kV 以上的交联聚乙烯绝缘电缆,应具有符合使用要求的金属塑料复合阻水层、铅套、铝套或膨胀式阻水带等防水构造。敷设于水下的中、高压交联聚乙烯绝缘电缆还应具有纵向阻水构造。

2. 直埋敷设电缆的外护层选择应符合的规定

电缆承受较大压力或对明敷的油浸纸绝缘电缆要选用裸钢带铠装,在易受腐蚀的环境中或在地下直埋敷设时要选用钢带外有外护套的电缆。在水下敷设或电缆会受到较大拉力时要选用钢丝铠装电缆。有金属套的电缆敷设在易受振动的场所时要选用铝套电缆。交联聚乙烯绝缘电缆敷设在水下或者电压等级为 63 kV 及以上线路中时,要选用有防水金属套的电缆,在水下敷设或受到较大拉力时也要选用钢丝铠装电缆,在其他场合不一定都要求铠装。

三、电力电缆导体截面积的选择

1. 选择电缆导体截面积的原则

根据 GB 50217—2018《电力工程电缆设计规范》，电力电缆导体截面积的选择应符合下列规定。

（1）最大工作电流作用下的电缆导体温度，不得超过电缆使用寿命的允许值。持续工作回路的电缆导体工作温度，应符合表 4.3 的规定。

（2）短路过程中最大短路电流作用下的电缆导体温度，应符合表 4.3 规定。

（3）最大工作电流作用下连续回路的电压降不得超过该回路的允许值。

（4）10 kV 及以下电力电缆截面积除应符合上述（1）~（3）条的要求外，还应按电缆的初始投资与使用寿命期间的运行费用综合、经济的选择。对于 10 kV 及以下电力电缆按经济电流截面积选择，宜符合下列要求：

① 按照工程条件、电价、电缆成本及贴现率等计算拟选用的 10 kV 及以下铜芯的聚氯乙烯绝缘电缆、交联聚乙烯绝缘电缆的经济电流密度值。

② 对于备用回路的电缆，如备用电动机回路等，宜按正常使用运行小时数的一半选择电缆截面积。对于一些长期不使用的回路，不宜按经济电流密度选择截面积。

③ 当电缆经济电流截面积比按热稳定度、允许电压降或持续载流小时，则应按热稳定度、允许电压降或持续载流量较大要求选择截面积。当电缆经济电流截面积介于电缆标称截面积档次之间，可视其接近程度，选择较接近的一档截面积，且宜偏小选取。

④ 35 kV 及以下较长距离的大电流回路，如较长的电源进线和电弧炉的短网等线路，或 35 kV 以上高压电缆，当符合上述条件时，其导线（含电缆）截面积宜按经济电流密度选择经济截面积，以使线路的年运行费用支出最小。

（5）多芯电力电缆导体最小截面积的选择，铜导体不宜小于 2.5 mm^2，铝导体不宜小于 4 mm^2。

（6）敷设于水下的电缆，当需要导体承受拉力且较合理时，可按抗拉要求选用截面积。

如果电力电缆线芯截面积选择不当，将会影响其可靠运行、缩短使用寿命、危害运行安全以及带来经济损失等，故必须正确选择导体截面积。

2. 选择和校验电缆线芯截面积的方法

（1）按工作电流选择截面积。电流通过导体时会产生能量损耗，从而使导线发热。绝缘导线和电缆的温度过高时，将使绝缘加速老化甚至烧毁，还可能引起火灾。因此，导体在通过正常最大负荷电流时产生的发热温度，不应超过其正常运行时的最高允许温度。对于满足上述原则（1）的要求，采用按工作电流选择截面积的方法，计算公式为

$$KI_{XU} = I_y \quad \text{（式 4-1）}$$

式中，I_y 是该回路的持续工作电流（A）；I_{XU} 是电缆在额定情况下的允许持续载流量，见 GB 50217—2018 中的附录 C；K 是不同敷设条件下的校正系数（空气中多根电缆并列敷设 $K=K_tK_1$；空气中单根电缆穿管敷设 $K=K_tK_2$；地中单根电缆直埋敷设 $K=K_tK_3$；地中多根电缆并列直埋敷设 $K=K_tK_3K_4$；桥架上多层电缆并列敷设 $K=K_tK_5$。其中，K_t 是温度校正系数，见

表 4.4；K_1 是空气中多根电缆并列敷设时的校正系数，见表 4.5；K_2 是空气中单根电缆穿管敷设时的校正系数，电压为 10 kV 及以下，截面积为 95 mm² 及以下时取 0.9，截面积为 120 mm² 及以上时取 0.85；K_3 是地中单根电缆直埋敷设时不同土壤热阻系数的校正系数，见表 4.6；K_4 是地中多根电缆并列直埋敷设时的校正系数，见表 4.7；K_5 是桥架上多层电缆并列敷设时的校正系数，见表 4.8）。

必须注意的是，按工作电流选择的导线和电缆截面积，还必须校验它与相应的保护装置（熔断器或低压断路器的过电流脱扣器）配合是否得当。如配合不当，可能发生导线或电缆因过热起燃但保护装置不动作的情况，这是不允许的。

表 4.4 10 kV 及以下电缆在不同环境温度时的载流量校正系数

敷设位置		空气中				土壤中			
环境温度/℃		30	35	40	45	20	25	30	35
电缆导体最高工作温度/℃	60	1.22	1.11	1.0	0.86	1.07	1.0	0.93	0.85
	65	1.18	1.09	1.0	0.89	1.06	1.0	0.94	0.87
	70	1.15	1.08	1.0	0.91	1.05	1.0	0.94	0.88
	80	1.11	1.06	1.0	0.93	1.04	1.0	0.95	0.90
	90	1.09	1.05	1.0	0.94	1.04	1.0	0.96	0.92

表 4.5 空气中单层多根并行敷设时电缆载流量的校正系数

并列根数		1	2	3	4	5	6
电缆中心距	$S=d$	1.00	0.90	0.85	0.82	0.81	0.80
	$S=2d$	1.00	1.00	0.98	0.95	0.93	0.90
	$S=3d$	1.00	1.00	1.00	0.98	0.97	0.96

表 4.6 不同土壤热阻系数时电缆载流量的校正系数

土壤热阻系数（K·m/W）	分类特征（土壤特性和雨量）	校正系数
0.8	土壤很潮湿，经常下雨。如湿度大于 9% 的沙土，湿度大于 10% 的沙-泥土等	1.05
1.2	土壤潮湿，规律性下雨。如湿度大于 7% 但小于 9% 的沙土，湿度为 12%～14% 的沙-泥土等	1.00
1.5	土壤较干燥，雨量不大。如湿度为 8%～12% 的沙-泥土等	0.93
2.0	土壤干燥，少雨。如湿度大于 4% 但小于 7% 的沙土，湿度为 4%～8% 的沙-泥土等	0.87
3.0	多石地层，非常干燥。如湿度小于 4% 的沙土等	0.75

表 4.7 土壤中直埋多根并行敷设时电缆载流量的校正系数

并列根数		1	2	3	4	5	6
电缆之间净距 /mm	100	1	0.90	0.85	0.80	0.78	0.75
	200	1	0.92	0.87	0.84	0.82	0.81
	300	1	0.93	0.90	0.87	0.86	0.85

表 4.8 电缆桥架上无间距配置多层并列电缆载流量的校正系数

叠置电缆层数		1	2	3	4
桥架类别	梯架	0.80	0.65	0.55	0.50
	托盘	0.70	0.55	0.50	0.45

【例】设用户装有一台 1 800 kV·A 变压器，若该用户以直埋 10 kV 油浸纸绝缘铝芯电缆作进线供电，土壤热阻系数为 809 °C·m/W，地温最高为 30 °C，试回答如何选择电缆型号？

解：该电缆通过的最大电流值为

$$I = \frac{1800}{\sqrt{3} \times 10} \text{ A} = 104 \text{ A}$$

查相应资料可知，50 mm²、10 kV 铝芯电缆敷设于 30 °C 土壤中的载流量为

$$I = 130 \times 0.93 \text{ A} = 121 \text{ A}$$

查表 4.6 可知，土壤热阻系数为 809 °C·cm/W 时，修正系数为 1.05，故修正后的载流量为

$$I = 121 \times 1.05 \text{ A} = 127.05 \text{ A}$$

所以选用电缆 ZLQ_2-10-3×50 比较合适。

电缆在实际使用中，负荷经常是处在变化中的，因此，根据连续负荷的载流量来选择电缆是比较安全的。

（2）按经济电流密度选择截面积。电缆（或导线，下同）的截面积越大，电能损耗越小，但是电缆投资、维修管理费用和有色金属消耗量都要增加。因此，从经济方面考虑，可以选择一个比较合理的导线截面积，既可以使电能损耗小，又不至于过分增加电缆投资、维修管理费用和有色金属消耗量。全面地从经济效益考虑，即使线路的年运行费用接近最小，又适当考虑有色金属节约的导线截面积，称为经济电流截面积（或经济截面积）。对应于经济截面积的电流密度，称为经济电流密度。经济电流密度与线路的投资、发电成本、输电成本、电能损耗、计算电价、返本年限、投资利率及维护管理费用等多种因素有关，一般按年费用最小法由国家制定，并随各地区、各时期的经济条件和发展情况而变动。我国规定的经济电流密度见表 4.9。

选择电缆导体截面积时，可根据选定的电缆线芯材料、负荷计算电流及最大负荷利用小

时数从表4.9中可以查得经济电流密度，再利用下列公式计算截面积，即

$$S_j = I_y / J \tag{式4-2}$$

式中，S_j是电缆的经济截面积（mm^2）；I_y是该回路的持续工作电流（A）；J是经济电流密度（A/mm^2），其选取原则见表4.9。不同行业的年最大负荷利用小时数见表4.10。

表4.9　我国规定的电缆经济电流密度　　　　　　　　（单位：A/mm^2）

电缆线芯材料	年最大负荷利用小时数 T_{max}/h		
	3 000 以下	3 000～5 000	5 000 以上
铜芯电缆	2.5	2.25	2.00
铝芯电缆	1.92	1.73	1.54

表4.10　不同行业的年最大负荷利用小时数 T_{max}　　　　（单位：h）

行业名称	T_{max}	行业名称	T_{max}	行业名称	T_{max}
铝电解	8200	化学工业	7300	冷藏库	4000
有色金属电解	7500	铁合金工业	7700	城市生活用电	2500
有色金属采选	5800	机械制造工业	5000	农业灌溉	2800
有色金属冶炼	6800	建材工业	6500	一般仓库	2000
黑色金属冶炼	6500	纺织工业	6000	农业企业	3500
煤炭工业	6000	食品工业	4500	农村照明	1500
石油工业	7000	电气化铁道	6000		

按经济电流密度选择的电缆截面积还必须满足长期发热条件和机械强度的要求。

（3）按短路电流热稳定度校验截面积。选择电缆导体截面积时，即要选择的电缆截面积必须满足短路电流热稳定度条件，该原则一般用作电缆截面积的校验。

① 对于电压为1 kV及以下的电缆，当采用断路器或熔断器作电网的短路保护时，一般电缆均可满足短路热稳定度要求，不必再进行核算。

② 对于电压为3 kV及以上的电缆，常常根据短路热稳定度的要求来确定其最小允许截面积，计算公式如下：

$$S = \frac{I_\infty \sqrt{t}}{K} \tag{式4-3}$$

式中，S是电缆导体截面积（mm^2）；I_∞是通过电缆的稳态短路电流（A）；t是短路持续时间（s）；K是电缆的热稳定系数（$A/\sqrt{s}\, mm^2$），取值见表4.11。

表 4.11 热稳定系数 K 值表　　　　　　（单位：$A/\sqrt{s}\,mm^2$）

长期允许温度/℃		短路允许温度/℃						
		230	220	160	150	140	130	120
90	铜	129.0	125.3	95.8	89.3	87.2	74.5	64.5
	铝	83.6	81.2	67.0	57.9	53.2	46.2	41.7
80	铜	131.6	131.2	103.2	97.1	90.6	83.4	75.2
	铝	87.2	85.0	66.9	62.9	58.7	54.0	48.7
75	铜	137.3	133.6	106.7	100.4	94.7	87.7	60.1
	铝	89.1	86.6	69.1	65.3	61.4	54.8	51.9
70	铜	140.0	134.5	110.2	104.6	98.8	92.0	84.5
	铝	90.7	88.5	71.3	67.8	64.0	59.6	54.7
65	铜	142.4	139.2	112.6	106.2	102.3	94.2	59.1
	铝	92.3	90.3	73.7	70.1	66.5	62.3	57.1
60	铜	145.2	141.4	117.0	111.8	106.1	100.1	93.4
	铝	94.2	91.9	75.8	72.3	68.8	67.0	60.4
50	铜	150.3	147.3	123.7	116.7	111.7	108.0	101.5
	铝	97.3	95.5	80.1	77.0	73.63	70.0	63.7

在计算具有内油道导体的自容式充油电缆的短路电流允许值时，油道内油的热容量不容忽略。油道大小随着电缆导体截面积大小及电压等级而异，因此不能简单地采用式（4-3）来校核电缆截面积，而应采用下式校核，即

$$I=\sqrt{\frac{C_c}{R_{20}\alpha t}\ln\frac{1+\alpha(\theta_{c1}-20)}{1+\alpha(\theta_c-20)}}\qquad\text{（式 4-4）}$$

式中，I 是允许通过电缆的短路电流（A）；C_c 是每厘米电缆导体和油道内油的热容（J/℃）；α 是电缆导体的电阻温度系数（1/℃），铝芯为 0.00403，铜芯取 0.00393；R_{20} 是 20 ℃ 时每厘米电缆导体的交流电阻（Ω）；t 是短路前电缆导体的工作温度（℃）；θ_{c1} 是电缆导体在短路时的最高允许温度，对于 10 kV 及以下普通黏性浸渍纸绝缘电缆及交联聚乙烯绝缘电缆为 200 ℃，有中间接头（锡焊）的电缆最高允许温度为 120 ℃。

（4）按允许电压降校验电缆截面积。对于 10 kV 及以下的供电网络，一般没有调压设备，为了保证供电质量，对供电距离较远、容量较大的电缆线路，应校验其电压损失 ΔU%，一

般应满足 ΔU%≤5%。对于 10 kV 及以下电缆可忽略电抗所造成的电压。计算公式如下：

三相系统为：

$$\Delta U\% = \frac{\sqrt{3} I_{\max} \rho L}{U_N S} \times 100\%$$

（式 4-5）

单相系统为

$$\Delta U\% = \frac{2 I_{\max} \rho L}{U_N S} 100\%$$

（式 4-6）

式中，$I_{\max}$ 是通过电缆的最大负荷电流（A）；U_N 对于三相系统是线路额定线电压（V），对于单相系统是额定相电压（V）；L 是电缆长度（km）；ρ 是电缆导体的电阻率（$\Omega \cdot mm^2/m$），铝芯 $\rho = 0.0350 \cdot mm^2/m(50\ ℃)$，铜芯 $\rho = 0.02060 \cdot mm^2/m(50\ ℃)$；$S$ 是电缆截面积（mm^2）。

根据设计经验，一般对于 10 kV 及以下的高压线路和低压动力线路，通常先按发热条件来选择导线和电缆截面积，再校验其电压损失和机械强度。对于低压照明线路，因其对电压水平要求较高，通常先按允许电压损失进行选择，再校验其发热条件和机械强度。对于电缆，不必校验其机械强度，但需校验其短路热稳定度。对于长距离大电流线路和 35 kV 及以上的高压线路，则可先按经济电流密度确定经济截面积，再校验其他条件。按上述经验来选择计算，通常容易满足要求，较少返工。

任务三　绝缘电缆线路的施工过程

一、电力电缆的敷设方式

电力电缆的敷设方式很多，主要的敷设方式有浅槽敷设、直埋敷设、穿管敷设、排管敷设、电缆沟敷设、电缆隧道敷设、桥架敷设、电缆竖井敷设、架空敷设及水下电缆敷设等。

1. 浅槽敷设

把电缆直接放入（没有支架）较浅的凹形混凝土槽，浅槽上覆加盖板，这种敷设方式称为浅槽敷设。浅槽有两种布置方式：沿地坪上布置或齐地坪埋入土中，其槽底可以不密实而与地层相通。

2. 直埋敷设

直埋敷设就是把电缆直接埋设于地下 0.7 m 以下，将电缆放入开挖后整理过的土层上，沿电缆上面铺以软土或砂层后再盖以保护板，然后回填一定的覆盖土齐至地坪。这种敷设方式是最经济简便的敷设方式，它的优点是施工方便、工期短、投资省、电缆散热好及载流量较大等，缺点是容易遭受机械外力损坏、更换电缆困难及容易受到周围土壤化学或电化学腐蚀。直埋敷设的电缆一般应选用铠装电缆，敷设的路径应竖立电缆位置标志。

3. 穿管敷设

穿管敷设是将电缆敷设于各个单独管道内,管道可以埋入地下,也可以在空气中架设。

4. 排管敷设

排管敷设是将电缆敷设在预先埋设于地下的管道中的一种电缆安装方式。电缆排管是将预制的管子(一般用钢管)按需要的孔数排成一定的形式,再用水泥浇筑成一个整体。这种敷设方式的优点是土建工程一次完成,其后在同途径陆续敷设电缆时不必重复开挖道路,检修或更换电缆迅速方便,不易受到机械外力损坏。缺点是土建工程投资较大,工期较长,而且如果排管中的电缆损坏,需要更换两相邻入孔井间的整根电缆,由于电缆接头集中在入孔井内,所以在入孔井内作业时,危险系数大。电缆应选用塑料护套电缆或裸铠装电缆。

5. 架空敷设

架空敷设是把电缆敷设于悬挂的架空钢索上的一种敷设方式。室外架空敷设电缆应尽量避免太阳直接照射,必要时应加装遮阳罩。

6. 电缆沟敷设

电缆沟敷设是将电缆敷设在预先由砖砌成或混凝土浇灌而成的电缆沟中的敷设方式。其优点类似于电缆排管敷设,且需要的入孔井少,减少了投资。缺点是盖板承压强度较差,电缆沟容易积水,电缆的载流量比直埋敷设的低。

7. 电缆隧道敷设

电缆隧道敷设是将电缆敷设在地下隧道内的一种电缆安装方式。隧道的高度、宽度除了需满足容纳需要敷设电缆的数量外,还需满足施工时必要的场地要求,通常还要考虑照明、排水、通风和防火设备的安装。该敷设方式具有方便施工、巡视、检修和更换电缆等较多优点,缺点是投资大、隧道施工期长,且要求严格防火。

8. 水下电缆敷设

水下电缆敷设是将电缆敷设在水底的一种敷设方式。根据水下地质条件的不同,可采取水底深埋和水底明敷两种方式。路径的选择应满足电缆不易受机械性损伤,能实施可靠保护,敷设作业方便及经济合理等要求。水下电缆敷设主要用在电缆线路跨越内河、大江、海峡等场所。水下电缆相互间严禁交叉、重叠,相邻的电缆应保持足够的安全间距。水下的电缆与工业管道之间保持足够的水平距离。水下电缆的两岸,应设有醒目的警告标志,而且应是完整的一条,一般不允许有中间接头

9. 桥架敷设

桥架敷设是将电缆敷设在建筑物内预先装设的电缆桥架的一种安装方式。主要用在户内变电站、开关站及配电所。电缆桥架一般具有比电缆隧道更大的空间,因此,其电缆支架可以不依附于墙壁,并可按需要位置设立多层桥架。桥架四周及桥架之间备有通道,便于施工和运行巡视。由于电缆层的电缆一般都在控制盘或配电装置下,电缆密集,纵横交叉,在设

计及敷设时需要安排整齐，以免影响施工及巡视。

10. 电缆竖井敷设

电缆竖井敷设是将电缆敷设在预先建设的竖井中的一种敷设方式，主要用在高层建筑或电缆隧道出口竖井。

二、电力电缆敷设方式的选择

在实际工程中，应根据电压等级、电缆形式、电缆数量、工程条件、环境特点及初期投资等因素，满足运行可靠、维护方便及投资节省等综合要求选择敷设方式。受环境等因素的影响，往往一条电缆就需要采用多种敷设方式。

根据 CB 50217—2007《电力工程电缆设计规范》，电力电缆敷设方式的选择应符合下列规定。

1. 电缆直埋敷设方式的选择原则

（1）同一通路少于 6 根的 35 kV 及以下电力电缆，在厂区通往远距离辅助设施或城郊等不易有经常性开挖的地段，宜采用直埋敷设；在城镇人行道下较易翻修的地段或道路边缘也可采用直埋敷设。

（2）厂区内地下管网较多的地段、可能有熔化金属、高温液体溢出的场所，待开发有较频繁开挖的地方，不宜采用直埋敷设。

（3）在化学腐蚀或杂散电流腐蚀的土壤范围内，不得采用直埋敷设。

2. 电缆穿管敷设方式的选择原则

（1）在有爆炸危险场所明敷的电缆，露出地坪上需加以保护的电缆，以及地下电缆与公路、铁道交叉时，应采用穿管敷设。

（2）地下电缆通过房屋、广场的区段，以及电缆敷设在规划中将作为道路的地段，宜采穿管敷设。

（3）在地下管网较密的工厂区、城市道路狭窄且交通繁忙或道路挖掘困难的通道等电缆用穿管敷设数量较多的地区，可采用穿管敷设。

3. 浅槽敷设方式的选择原则

（1）地下水位较高的地方宜采用浅槽敷设。

（2）通道中电力电缆数量较少，且在不经常有载重车通过的户外配电装置等场所宜采用浅槽敷设。

4. 电缆沟敷设方式的选择原则

（1）在化学腐蚀液体或高温熔化金属溢流的场所，或在载重车辆频繁经过的地段，不得采用电缆沟敷设。

（2）经常有工业水溢流、可燃粉尘弥漫的厂房内，不宜采用电缆沟敷设。

（3）在厂区、建筑物内地下电缆数量较多但不需要采用隧道的地区，城镇人行道开挖不便且电缆需分期敷设的地区，同时不属于上述情况时，宜采用电缆沟敷设。

（4）有防爆、防火要求的明敷电缆，应采用埋砂敷设的电缆沟敷设。

5. 电缆隧道敷设方式的选择原则

（1）同一通道的地下电缆数量多，电缆沟不足以容纳时应采用电缆隧道敷设。

（2）同一通道的地下电缆数量较多，且位于有腐蚀性液体或经常有地面水流溢的场所，或含有 35 kV 以上高压电缆以及穿越公路、铁道等地段，宜采用电缆隧道敷设。

（3）受城镇地下通道条件限制或交通流量较大的道路下，与较多电缆沿同一路径有非高温的水、气和通信电缆管线共同配置时，可在公用性隧道中敷设电缆。

6. 电缆竖井敷设的选择原则

垂直走向的电缆，宜沿墙、柱敷设；当电缆数量较多，或含有 35 kV 以上高压电缆时，应采用电缆竖井敷设。

7. 电缆架空敷设的选择原则

在地下水位较高的地方、化学腐蚀液体溢流的场所，厂房内应采用支持式架空敷设。建筑物或厂区不宜地下敷设时，可采用架空敷设。明敷且不宜采用支持式架空敷设的地方，可用悬挂敷设。

8. 水下电缆敷设的选择原则

通过河流、水库的电缆，无条件利用桥梁、堤坝敷设时，可采取水下敷设。

9. 电缆桥架敷设的选择原则

厂房内架空桥架敷设方式不宜设置检修通道，城市电缆线路架空桥架敷设方式可设置检通道。

10. 排管敷设方式

对于电缆线路较多（一般在 10~20 根）、道路弯曲少、交通繁忙的路径及有机动车等重载的地段，如市区街道、穿越小型建筑物等，多采用排管敷设。

三、电力电缆的敷设施工

电力电缆的敷设施工方法各有异同和优缺点，究竟用哪种方法，要根据现场的实际情况及电缆的长短、多少来选择。下面仅对经常采用的下直埋敷设、电缆沟（或隧道）敷设的施工工艺。

1. 电缆直埋敷设

电缆直埋敷设是一种最常用的、经济且简单的敷设方法，可用于交通不密集的场所。电缆埋于地下，有利于散热，可提高电缆的利用率。但直埋敷设不便于检修，也不便于监护。

（1）电缆沟的挖掘。电缆沟的挖掘应沿着勘察测量画出的白粉线进行，深度一般为

800 mm，穿越农田时不应小于 1 m，66 kV 及以上的电缆不应小于 1 m，只有在引入建筑物与地下建筑物交叉及绕过地下建筑物处时可浅埋，但应埋设保护管。电缆沟的宽度由电缆的根数确定，见表 4.12。如遇障碍物或冻土层较浅的区域，则应适当加深电缆沟深度。电缆沟的转角处要挖成圆弧形，并保证电缆的允许弯曲半径。电缆接头的地方、引入建筑或引自电杆处要挖出备用电缆裕量的预留坑。电缆之间，电缆与其他管道、道路、建筑物之间平行和交叉时的最小净距应满足表 4.13 所列数值，并应符合 GB 50168—2018 的规定。

表 4.12　35 kV 直埋电缆沟宽表

电缆沟宽度		控制电缆或 10 kV 及以下电力电缆根数						
		0	1	2	3	4	5	6
35 kV 电力电缆根数	1	300	390/620	670/790	750/990	830/1100	910/1200	990/1470
	2	600	940/970	1020/1140	1100/1340	1180/1450	1260/1650	1340/1820
	3	1000	1290/1320	1370/1490	1450/1660	1530/1830	1610/2000	1690/2170

注：表中分子为控制电缆用尺寸，分母为电力电缆尺寸。

表 4.13　电缆之间，电缆与管道、道路、建筑物之间平行和交叉时的最小净距

项目		平行（m）	交叉（m）
电力电缆间及其与控制电缆间	10 kV 及以下	0.10	0.50
	10 kV 以上	0.25	0.50
不同部门使用的电缆间		0.50	0.50
热管道（管沟）及热力设备		2.00	0.50
油管道（管沟）		1.00	0.50
可燃气体及易燃液体管道（管沟）		1.00	0.50
其他管道（管沟）		0.50	0.50
铁路路轨		3.00	1.00
电气化铁路路轨	非直流电气化铁路路轨	3.00	1.00
	直流电气化铁路路轨	10.00	1.00
电缆与公路边		1.00	
城市街道路面		1.00	
电缆与 1 kV 以下架空线电杆		1.00	
电缆与 1 kV 以上架空线杆塔基础		4.00	
建筑物基础（边线）		0.60	
排水沟		1.00	0.50

在电缆直埋敷设的路径上凡遇到以下情况，则应分别采取保护措施。

① 遇机械损伤，应加保护钢管。

② 若遇化学作用，应换土并隔离（陶瓷管），或绕开。

③ 若遇地下电流，应屏蔽或加套陶瓷管。

④ 若遇振动，应与地下水泥桩固定。

⑤ 若遇热影响，应用隔热耐腐材料隔离，如石棉水泥板、泡沫混凝土等。

⑥ 若遇腐殖物质，应换土并隔离。

⑦ 若遇虫鼠危害，应加保护管，钢管及陶瓷管等。

挖沟时应注意地下的原有设施，如电缆、管道等，并与有关部门联系，妥善处理，不得随意损坏。所有堆土应掷于沟的一侧，且于 1 m 以外，以免放电缆时落于沟内。

上述内容，应与施工人员交代清楚，并随时派人检查。

（2）埋设保护管及顶管在穿越铁路、公路及城市街道厂区道路时应埋设保护管，但在穿越铁路、公路或其他不能挖掘明沟的道路时，则通常用顶管的方法设置保护管。顶管是一项专业施工技术，大管径管的使用机具及工艺较复杂，电缆保护管通常直径较小，一般可用简便办法。由于篇幅所限而不展开说明，可参阅电缆施工技术手册。

（3）隔热层电缆的埋设与热力管道交叉或平行敷设，如不能满足最小允许距离时，应在接近或交叉点前后 1 m 范围内作隔热处理。隔热材料可用 250 mm 厚的泡沫混凝土、石棉水泥板、150 mm 厚的软木或玻璃丝板。要求材料一要隔热，二要防腐。埋设隔热材料时除应满足热力沟的宽度外，两边应各伸出 2 m。电缆宜从隔热后的热力沟的下面穿过。任何时候不能将电缆平行敷设在热力沟的上方或下方。穿过热力沟部分的电缆除采用隔热层外，还应穿石棉水泥管保护。

（4）沟内铺砂沟挖好后应沿全线检查一遍，需符合前述的要求，特别是转角、交叉设管、隔热及深宽等。合格后可将细砂铺进沟内，厚度为 100 mm，砂子中不得有石块、锋利物及其他杂物，这一点要向施工人员交代清楚，避免返工。铺好细砂后要进行全线检查，除铺砂外，检查有无其他不妥及妨碍展放电缆的地方，若有应及时修复。

（5）展放电缆与架空线路中放线基本相同，所不同的是展放电缆将电缆放入沟内，并且沟不是直线，除转角外还有穿保护管等。展放电缆必须用放线架。电缆的牵引可用人工牵引或机械牵引。

① 人工牵引展放电缆。人工牵引展放电缆就是每隔几米即有人肩扛着放开的电缆，并在沟内向前移动，或者沟内每隔几米即有人手持展放开的电缆向前传递而人不移动，电缆移动的同时向前牵引电缆。在电缆轴架处有两人或四人分别站在两侧用力转动电缆盘，设有专人检查电缆有无破损或其他不妥之处，并配有适当工具，可刹住转动的电缆盘。牵引速度宜慢，转动轴架的速度应与牵引的速度同步，既不能使电缆受到过度的拉力，也不能使电缆大量堆积，以免造成电缆过度弯曲。电缆端部的牵头者必须对敷设现场（如电缆走向、顺序排列、规格、型号、转角、用途及编号等）十分清楚。遇着保护管时应将电缆穿入保护管，并派人在管口处守候，以免阻卡或发生意外。保护管软长者，用先穿好的 8 号钢丝绑扎好电缆再牵引。每放完一盘电缆都应在电缆的首端和尾端挂上编号。第一盘电缆应从电缆的引出端展放，第一盘电缆不够长时，第二盘电缆应从第一盘电缆的末端展放，放完一个回路再放一个回路；每放完一个回路不应该将剩余的电缆锯断，需经复核无误后留出制作电缆头和电缆接头及其

他辅助用途的余量后才能锯断。

人工牵引展放电缆所需人力较多、劳动强度较大,一般用工程量较少、线路较短的电缆工程中。

② 机械牵引展放电缆。机械牵引和人工牵引的要求基本相同,主要是牵引方法不同。机械牵引展放电缆应先沿沟底放置滚轮,一般每隔 4~5 m 放置一个,并将电缆放在滚轮上减小与地面、砂面的摩擦,然后用小拖拉机或汽车(也可用人工)牵引电缆。人工只是保护电缆不脱轮及在转角处保护电缆不与沟边摩擦。人应站于沟的外侧,用手传递电缆,这里应由有经验的人看管。电缆盘的两侧同样应有人协助转动,并可刹住转动的电缆盘。电缆的牵引端一般套上专用的电缆钢丝网套,再由机械牵引,牵引速度应小于 8 m/min。

电缆全部展放完入沟后,应沿全线进行检查和整理,掉入沟内的石块及硬物应检出。电缆在沟内应有一些波形余量,不能撑得特别直,以防冬季冷却伸直。多根电缆同沟敷设应排列整齐,不得交叉。

(6)盖砂铺砖回填土全部检查核对无误后,在电缆上面盖一层细砂,要求同前,厚厚 100 mm,然后在砂子上面铺盖一层红砖或水泥砖,其宽度应超出电缆两侧各 50 mm。沟内回填土应分层填好夯实,覆盖土要高于地面 150~200 mm,以防沉陷。在电缆接头、进户位置应先留出作业的位置,一般应大于 3 m,待接头作完后再砌井或铺砂盖砖回填土。检查应会同建设单位共同进行,并办理隐蔽工程验收手续。

(7)按规定埋设标志牌。根据 GB 50168—2018《电气装置安装工程电缆线路施工及验收规范》在规定的地方埋设电缆标志牌,标志牌应符合规定要求。

2. 电缆沟(或隧道)敷设法

将电缆置于砌筑好的沟内并固定在沟内支架上,便于检修、监护和更换电缆,该方法多用于厂区、室内或距离较小的场所。

(1)清理沟内外杂物、检查支架预埋情况并修补,把沟盖板全部置于沟上面所不利于展放电缆的一侧,另一侧应清理干净。

(2)展放电缆的方法多同于人工牵引展放,不同的是电缆应在沟上一侧展放,不得在沟内拖拉,一方面是由于沟内狭窄,不便操作,再者是易划伤电缆。

表 4.14 并列敷设的电缆之间的净距

类别		敷设条件		
		电缆隧道	电缆沟	
			沟深 600 mm 及以下	沟深 600 mm 以上
两边有电缆支架,支架间的水平净距(沟道宽)		1000	900	500
一边有电缆支架,支架与墙壁间的水平净距(沟道宽)		900	900	450
电缆支架层间的垂直净距	电力电缆	200	120	150
	控制电缆	120	100	100
电力电缆间的水平净距		35	35	35

一般情况下是先放支架最下层、最里面的那根电缆，然后从里到外，从下层到上层依次展放。而电缆在支架上排列时，电力电缆和控制电缆应分开排列；当电力电缆和控制电缆敷设在同一侧支架上时，应将控制电缆放在电力电缆的下一层支架上，低压电缆应放在高压电缆的下一层支架上，并列敷设的电缆之间的净距应符合表4.14的规定。

将电缆在沟边放开后，沟上每隔 3~5 m 设一人，将电缆抬起交于沟下的人，然后将电缆放在预埋支架上。抬电缆的时候要保持电缆足够的弯曲半径，人少时要一段一段地放入电缆沟内，这时未放入端应有专人看管。

（3）电缆在支架上的固定方法有很多，最常用的是Ω形卡子。Ω形卡子有两种，一种是用 2×25 mm 的扁钢做成的，另一种是尼龙成品件。在使用金属制的子时，应垫以塑料带或其他柔性材料衬垫。无论哪种卡子，规格都应与电缆的外径配套。若采用挂架时，则可将电缆挂在挂架的钩上。

（4）电缆敷设完后，应及时将沟内杂物清理干净，盖好沟盖板，必要时，应将盖板缝隙密封，以免水、汽、油及灰等侵入。

（5）隧道内的敷设方法与电缆沟内基本相同，电缆有时也采用挂式安装或支架上安装。

项目二　绝缘电缆线路的检修

任务一　检查绝缘电缆试验设备

电缆线路运行维护要着重做好负荷监视、电缆金属腐蚀监视和绝缘监督三个方面的工作，保持电缆设备始终在良好的状态和防止电缆事故突发。主要项目包括：建立电缆线路技术资料，进行电缆线路巡视检查、电缆预防性试验，防止电缆外力破坏，分析电缆故障原因，进行电缆故障测寻和电缆故障修理等。电缆线路运行维护根据电缆网络的事故率和事故原因，以及不同的地理环境，增添特殊内容，如诱杀白蚁、入孔井水样分析、水树枝切片检带电测量和监视绝缘等。

一、电力电缆的运行

1. 电力电缆投入运行

（1）对于新装电缆线路，需经过验收检查合格并办理验收手续，方可投入运行。

（2）停电超过一个星期但不满一个月的电缆，重新投入运行前，应测量其绝缘电阻值与上次试验记录比较（换算到同一温度下），不得降低 30%，否则需做直流耐压试验。停电超过一个月但不满一年的，则必须做直流耐压试验，试验电压可为预防性试验电压的一半，如油浸纸绝缘电缆，试验电压为电缆额定电压的 2.5 倍，时间为 1 min。停电时间超过试验周期的，做标准预防性试验。

（3）重做终端头、中间头和新做中间头的电缆，必须核对相位，测量绝缘电阻，并做耐压试验，全部合格后，才允许恢复运行。

2. 电线路运行的注意事项

（1）不要长时间过负荷运行或过热。因此，不要忽视负荷电流及外皮温度、接头温度的监测。

（2）电缆线路馈线保护不应投入重合啊。电线路的故障多为永久性故障，若重合闸动作，则必然会扩大事故，威胁电网的稳定运行。

（3）电缆线路的馈线跳闸后，不要忽视电的检查。重点检查电缆路径有无挖掘、电缆有无损伤，必要时应通过试验进一步检查判断。

（4）直埋电缆运行检查时要特别注意：电缆附近地面不能随便挖掘；电缆路径附近地面不准堆放重物、腐蚀性物质及无临时建筑；电缆路径标志桩和保护设不能随便移动拆除。

任务二　对绝缘电缆进行试验

一、电力电缆线路的巡视检查

电力电缆线路投入运行后，经常性的巡视检查是及时发现隐患、组织维修和避免引发事故的有效措施。

1. 日常巡视查的周期

对于有人值班的变（配）电所，每班应检查一次；对于无人值班的变（配）电所，每周至少检查一次。遇有特殊情况，则根据需要做特殊巡视。

2. 日常巡视检查内容

① 观察电缆线路的电流表，查看实际电流是否超出了电缆线路的额定线流量。
② 电缆终端头的连接点有无过热变色。
③ 油浸纸绝缘电缆及终端头有无油、漏油现象。
④ 并联使用的电缆有无因负荷分配不均匀而导致某根电缆过热的情况。
⑤ 有无打火、放电声响及异常气味。
⑥ 终端头接地线有无异常

3. 定期检查周期

（1）敷设在土壤、道以及沿桥梁架设的电缆，发电厂、变电所的电缆沟、电缆井、电缆架及电缆段等的巡查，每三个月至少检查一次。

（2）敷设在竖井内的电缆，每半年至少检查一次。

（3）电缆终端头，根据现场运行情况每1~3年停电检查一次；室外终端头每月巡视一次，每年2月及11月进行停电清扫检查

（4）对挖掘暴露的电线，酌情加强巡视。

（5）雨后，对可能被雨水冲的地段，应进行特殊巡视检查。

4. 定期查内容

（1）直埋电缆线路。线路标桩是否完整无缺；路径附近地面有无挖掘；沿路径地面上有无堆放重物、建筑材料及临时建筑，有无腐蚀性物质；室外露出地面电缆的保护设施有无移位锈蚀，其固定是否可靠；电进入建筑物处有无漏水现象。

（2）设在沟道、陈道及混凝土管中的电线路。沟道的盖板是否完整无缺；入孔及手孔井内积水坑有无积水，墙壁有无裂缝或漏水，井盖是否完好；沟内支是否牢固，有无锈蚀；海道、道中是否有积水或杂物；在管口和挂钩处的电铅包有无损坏，衬铅是否失落；电缆沟进出建筑物处有无漏水现象；电缆外皮及铠装有无锈蚀、腐蚀及鼠咬现象。

（3）室外电缆终端头。终端头的绝缘套管应完整、清洁、无闪络放电痕迹，附近无鸟巢；连接点接触应良好，无发热现象；检查绝缘胶有无塌陷、软化和积水；终端头是否漏油、铅包及封铅处有无龟裂；芯线、引线的相间及对地距离是否符合规定，接地线是否完好；相位颜色是否明显，是否与电力系统的相位相符。

5. 电力电缆试验

（1）新电缆敷设前应做交接试验；安装后和投入运行前也应做交接试验。

（2）接于电力系统的主进电缆及重要电缆，每年应进行一次预防性试验；其他电缆，一般每 1~3 年试验一次。预防性试验宜在春秋季土壤中水分饱和时进行。

（3）新敷设的带有中间接头的电缆线路，在投入运行 3 个月后，应进行预防性试验，以后按试验周期进行。

任务三　检修绝缘电缆线路的故障点

一、故障类型

1. 低阻接地或短路故障

电缆导体有一芯（或数芯）对地绝缘电阻或导体芯与导体之间的绝缘电阻低于 $100\ \text{k}\Omega$，而导体连性良好。一般常见的有单相、两相及三相短路或接地。

2. 高阻接地或短路故障

电缆导体有一芯（或数芯）对地绝缘电阻或导体芯与导体之间的绝缘电阻大大低于正常值但高于 $100\ \text{k}\Omega$，而导体连续性良好。一段常见的有单相、两相及三相短路或接地。

3. 断线故障

电缆导体各芯绝缘良好。但有一芯（或数芯）导体不连续。

4. 断线并接地故障

电缆导体有一芯（或数芯）导体不连续，而且经电阻接地。

5. 闪络性故障

这类故障大多数在预防性耐压试验时发生，并多出现于电缆中间接头或终端头，有时在接近所要求的试验电压时击穿，然后又恢复，有时会连续击穿，间隔时数秒至数分钟不等。

上述五类故障中，高阻与低阻之分并非绝对固定，它主要取决于试验设备和被测电导体电阻的大小。

二、电力电缆故障产生的原因及对策

1. 外力损伤

在电缆的保管、运输、敷设和运行过程中都可能遭受外力损伤，特别是已运行的直埋电缆，在其他工程的地面施工中易遭损伤，这类事故往往占电缆事故的50%。为避免这类事故的发生，除需加强电保管、运输及敷设等各环节的工作质量外，重要的是严格执行动土制度。

2. 保护层腐蚀

地下杂散电流的电化腐蚀成非中性上的化学腐蚀，使保护层失效，失去对绝缘的保护作用。解决办法是，在杂散电流密集区安装排流设备；当电线路的局部土壤含有损害电缆铅包的化学物质时，应将这段电装于管内，并用中性土壤电缆的衬垫覆盖，还要在电缆上涂以沥青。

3. 铅包疲劳、龟裂及胀裂

造成此故障的原因是该电缆品质不良，可以通过加强敷设前对电缆的检查来避免。如电缆安装质量或环境条件很差，安装时局部电缆受到多次弯曲，弯曲半径过小，终端头、中间头发热导致附近电缆段过热，周围电密集不易散热等，这要通过抓好施工质量得以解决。

4. 过电压、过负荷运行电压选择不当

在运行中突然有高压串入或长期超负荷，都可能使电缆绝缘强度遭破坏，将电缆击穿。这需要通过加强巡视检查，改善运行条件。

5. 户外终端头浸水爆炸

因施工不良，绝缘胶未灌满，使终端浸水，最终发生爆炸。因此，要严格执行施工工艺流程，认真验收，加强检查和及时维修，已爆炸的终端头要截去重做。

6. 户内终端头漏油

终端头漏油，破坏了密封结构，使电缆端部浸渍剂流失干枯，热阻增加，绝缘加速老化，易吸收潮气，造成热击穿。发现终端头渗漏油时应加强巡视，严重时应停电重做。

情境五　高铁电力线路运行与检修

项目一　高铁电力线路的岗位作业标准

任务一　认识高铁电力线路的岗位及作业标准

一、岗位职责与要求

每个供电工区按照定员配备电力工。各工区必须有一名值班工长值班。电力工实行 24 小时轮班制，根据休息制度，工区制定各自的交接班时间。贯彻执行安全生产制度，与供电局、用户紧密联系，协同动作，确保运输生产安全、畅通，如图 5.1，图 5.2 所示。

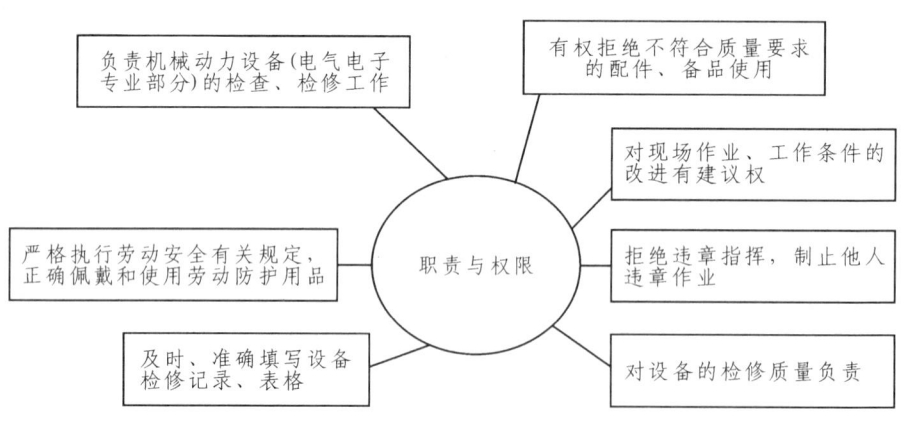

图 5.1　岗位职责与权限示意图

二、工作内容与要求

高铁电力停电作业总流程如图 5.3 所示。

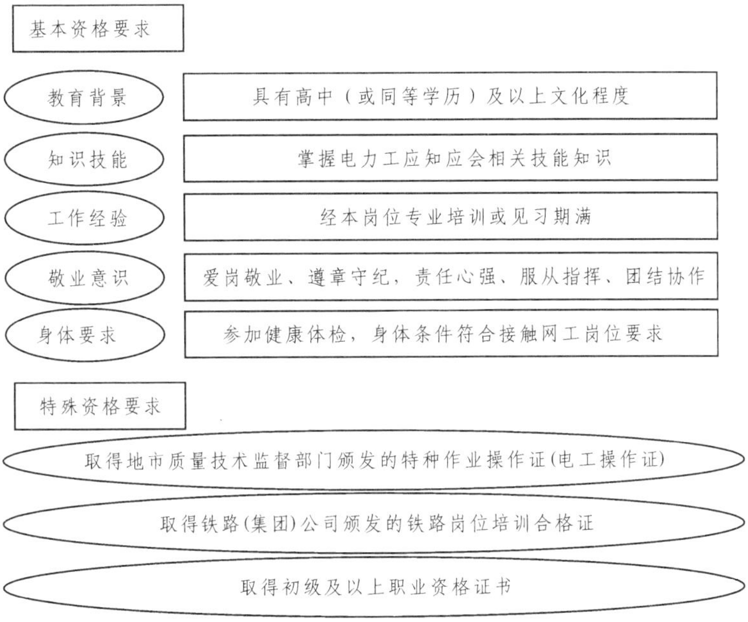

基本资格要求
教育背景
具有高中（或同等学历）及以上文化程度
知识技能
掌握电力工应知应会相关技能知识
工作经验
经本岗位专业培训或见习期满
敬业意识
爱岗敬业、遵章守纪，责任心强、服从指挥、团结协作
身体要求
参加健康体检，身体条件符合接触网工岗位要求
特殊资格要求
取得地市质量技术监督部门颁发的特种作业操作证(电工操作证)
取得铁路(集团)公司颁发的铁路岗位培训合格证
取得初级及以上职业资格证书

图 5.2　岗位资格要求

设备修前调查
是否需要更换关键设备
否
是
关键设备更换、检修
设备检修停电申请书
停电作业工作票
工作领导人审核工作票
是否工作票正确
是
否
安全预想会分工会
准备机具、材料
上道前清点登记机具材料
车站
驻站要令
设置防护
是否设置好防护
否
是
调度
停电
验电合接地刀闸
作业
作业结束检查设备清点机具人员
分接地刀闸
送电
是否设备运行正常
否
是
人员、机具及材料下道
是否确认已全部下道
否
是
驻站消令
结束
作业班组
车间人员
生产作业计划
启动

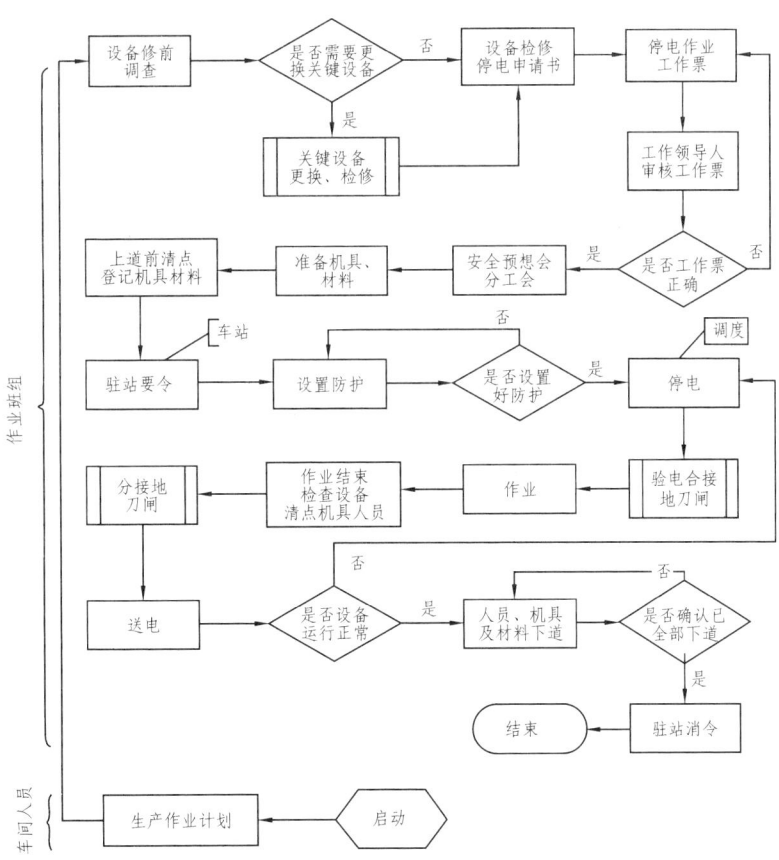

图 5.3　高铁电力停电作业流程图

三、岗位作业标准

（1）工作票签发人。

岗位要求	配备工具	操作流程
（1）身体健康，有高度责任心； （2）职务为工长、调度员、主任、技术员或段总工程师指定人员。	（1）供电系统图； （2）一次接线图。	（1）开具停电作业工作票：根据周计划，提前24小时开具停电作业工作票，与工作领导人一起确认工作必要性；采取正确、完备的安全措施；正确指派各项工作人员。 （2）上报工作票至生调：生调审核工作票是否与周计划相符，安全措施是否正确、完备。 （3）签发工作票：生调确认工作票无误后，签发工作票，一式两份，一份由发票人保管，一份交给工作领导人。 （4）与工作领导人一起再次确认安全措施。

（2）工作领导人。

岗位要求	配备工具	操作流程
（1）身体健康，有高度责任心； （2）由主任、技术员或工长担任。	（1）停电作业工作票； （2）对讲机。	（1）审核工作票：协助发票人，对照电力线路供电系统图、车站供电一次接线图进行核对，确保工作票正确完备。 （2）填写分工单：根据停电工作票填写分工单。 （3）召开停电作业预想会：在停电作业前1天组织汽车司机、工作执行人、工作许可人、工作监护人等召开停电作业预想会。明确停电作业的作业地点、停电范围、作业内容及具体方法。安排人员清理作业所需料、机、具。 （4）召开开工会：作业前至少提前半小时组织全体成员召开开工会。列队、点名、宣讲工作票、作业分工、抽问。 （5）准备料、机、具。 （6）联系停电：到达作业地点后，联系生调进行停电。 （7）命令验电、接地：接到生调已对作业区停电的通知后，命令工作许可人按分工进行验电、接地工作，命令工作监护人进行监护。 （8）确认各项安全措施均已完成，地线全部接好。 （9）通知作业组进行检修作业。 （10）检查作业过程中安全措施落实情况，若发现影响安全的情况则立即采取措施。 （11）检查检修作业质量：确认具备送电条件。 （12）宣布作业完成：通知作业组成确保人员及机具撤至安全地带，命令工作许可人撤除接地线和其他各项安全措施。 （13）确认各项安全措施已撤除，所有地线已撤除，人员、料、机、具均已撤至安全地带。 （14）联系送电：向生调联系送电。 （15）确认送电正常：核对线路电压、电流、相序，并与生调汇报。 （16）组织作业组返回工区，召开收工会。

（3）停送电人员。

岗位要求	配备工具	操作流程
（1）身体健康，有高度责任心； （2）取得电力工初级以上职业资格证书及《铁路电力安全合格证》。	（1）个人工具； （2）绝缘手套。	（1）检查两穿三戴。 （2）接受命令并复诵，工作领导人通知停电或送电。 （3）检查绝缘手套。 （4）确认杆号或开关回路：与工作监护人一起确认。 （5）按停送电顺序进行操作规程。 ①停电：断路器——负荷侧隔开——电源侧隔开； ②送电：电源侧隔开——负荷侧隔开——断路器。 （6）确认断路器和开关状态。 （7）向工作领导人报告停送电作业结束。

（4）验电接地人员。

岗位要求	配备工具	操作流程
（1）身体健康，有高度责任心； （2）取得电力工初级以上职业资格证书及《铁路电力安全合格证》。	（1）个人工具； （2）专用工具：绝缘手套、验电笔、接地封线、绝缘棒、脚扣、安全带、安全帽等。	（1）检查两穿三戴。 （2）检查绝缘手套、验电笔、接地封线等工具。 （3）接受验电、接地命令并复诵，工作领导人通知验电接地。 （4）确认接地杆号或接地处所：对照派工单，与工作监护人一起确认。 （5）验电：自检、有电设备检验后对停电线路进行验电。 （6）接地封线：先接地端，后接线端。 （7）检查、确认接地良好，向工作领导人报告验电、接地作业完成。 （8）接受撤除接地封线命令并复诵，工作领导人通知撤除接地封线。 （9）撤除接地封线：对照派工单，一一撤除接地封线至安全地带。先拆线端，后拆地端。 （10）清点接地封线，无误后向工作领导人报告。 （11）清理、整理接地封线等工具。

（5）作业人员。

岗位要求	配备工具	操作流程
（1）身体健康，有高度责任心； （2）取得电力工初级以上职业资格证书及《铁路电力安全合格证》。	（1）个人工具：钢卷尺、钢丝钳、尖嘴钳、活动扳手、螺丝刀、电工刀、工具袋等； （2）检修专用工具：绝缘手套、安全带、安全帽、脚扣、紧线器、麻绳、塞尺等。	（1）参加开工会、领取派工单。 （2）领取、检查检修用工具、材料。 （3）到达作业地点，等候工作领导人通知。 （4）进行检修作业：接到工作领导人开始工作的通知后，核对派工单，核对杆号或设备，开始作业。 （5）作业结束，清理现场，清点工具、材料，并撤至安全地带。 （6）向工作领导人报告作业结束，可以撤除安全措施。 （7）返回工区，参加收工会。

（6）砍青人员。

岗位要求	配备工具	操作流程
（1）身体健康，有高度责任心； （2）取得电力工初级以上职业资格证书及《铁路电力安全合格证》。	（1）个人工具； （2）砍青工具：砍刀、汽油链锯、手锯； （3）辅助工具：麻绳、绝缘杆、铁钩、安全带。	（1）参加开工会、领取派工单。 （2）学习《XX供电段关于侵界树木的处理规定》。 （3）领取、检查作业用工具、材料。 （4）到达作业地点，等候工作领导人通知。 （5）进行砍青作业：接到工作领导人开始工作通知后，核对派工单，核对作业区段，开始作业。 （6）作业：根据侵限林木情况，使用砍刀、汽油链锯、麻绳等工具对侵限林木进行修枝、砍伐作业。 （7）作业完成、清理作业现场。 （8）返回工区，参加收工会，汇总侵限林木砍伐情况。

（7）巡视人员。

岗位要求	配备工具	操作流程
（1）身体健康，有高度责任心； （2）取得电力工初级以上职业资格证书及《铁路电力安全合格证》。	（1）个人工具：钢卷尺、钢丝钳、尖嘴钳、活动扳手、螺丝刀、电工刀、万用表、工具袋等； （2）共用工具：望远镜、绝缘杆、砍刀、脚扣、麻绳； （3）照明灯具； （4）随身携带药品：蛇药、止血贴、防中暑药品等。	（1）参加开工会、领取派工单。 （2）学习《XX供电段电力设备巡检规定》中相关规定。 （3）领取、检查巡视用工具、材料。 （4）到达巡视区段，进行巡视作业：对线路设备进行对标巡视，严格执行巡视作业安全防控措施，发现问题及时处理（处置、防护、汇报等）。 （5）巡视结束，返回工区。 （6）填写派工单，并撕下各巡检记录本副联交给工长。 （7）参加收工会，向工长汇报巡检情况。

（8）工作监护人。

岗位要求	配备工具	操作流程
（1）身体健康，有高度责任心； （2）取得电力工初级以上职业资格证书及《铁路电力安全合格证》； （3）能独立工作、熟悉设备，有一定工作经验。	（1）个人工具； （2）安全工具：绝缘靴、安全帽； （3）对讲机。	（1）参加开工会、领取派工单。 （2）到达作业地点，等候工作领导人通知。 （3）监护工作许可人完成各项安全措施：对照派工单，核对杆号、设备，按唱票、复诵、操作程序完成操作。与工作许可人一起确认。 （4）监护作业组员作业：在现场不间断监护作业人员的安全和检修质量。 （5）作业结束，清点人员、机具、材料，并撤至安全地带。 （6）返回工区，参加收工会：将检修完成量、发现问题汇总并报工作领导人。

项目二　高铁电力线路的巡视

任务一　认识高铁电力线路的巡视内容

设备巡检作业标准如下：

程序	项目	内容	技术要求	说明事项
一、准备工作	作业前准备	参加班组开工会	（1）学习上级、车间文件规定，掌握指示精神和文件要求。了解前一工作日生产、安全情况，做好安全预想，按规定着装，戴安全帽。 （2）按规定巡检路线，确定巡检设备，填写设备巡检记录本。 （3）按照巡检要求，携带必要的作业工具、清洁用品（手锤、钢丝钳、万用表、螺丝刀、牙钳、白布、砂布、维修停用牌等），并检查工具，确认状态良好。	
二、巡检作业	巡视检查设备	询问设备使用情况	询问设备操作使用者有关设备使用情况，使用过程中有无异常。	
		检查设备状况	检查设备电气、电子部件接线牢固，无松动、脱焊。	
		设备试机	（1）配合设备使用人员对设备进行空载、负载试验，查看设备是否存在异常，是否满足使用要求。 检查设备运转无异音，各电气、电子部件温升无异常。 （2）检查各电器开关动作良好。 （3）检查各电工仪表显示正常。 （4）检查安全防护装置工作可靠，电类仪表校验无过期。	

三、异常处理	巡检时发现异常情况及时处理	汇报处理	（1）巡检时发现设备发生较大破损或影响到设备安全及人身安全时，应立即告知使用人员不得继续使用设备并挂禁动牌，同时向车间生产调度或工班长汇报，由车间处理。 （2）巡检时遇有自己不能解决的问题时，需及时向工班长汇报，由工班长安排处理。	
		现场处理	发现下列情况之一时应停止使用，并进行处理或修复： （1）设备零部件发生损坏不能正常工作。 （2）机械发生震动、异音或作用技术性能明显降低。 （3）设备机械、电气和安全防护装置的不良部位已影响到人身安全和设备安全。	
四、完工	完工作业	填写记录、检查工仪具	（1）检查巡检时使用的工具、测量仪器是否有遗漏丢失在现场。 （2）作业完毕后必须保持场地清洁，工具擦拭干净并归位摆放，达到可视化管理要求。 （3）巡检设备正常后，找设备使用人员或使用班组签名确认。 （4）巡检回来后向工班长汇报巡检情况。 （5）及时填写设备巡检记录本。	

任务二 比较高铁和普铁电力线路巡视内容的区别

高速（城际）铁路一级负荷电源停电应急处置：

以广铁（集团）"高速（城际）铁路一级负荷电源停电应急处置"为例

1. 范围
本作业指导书说明了在高铁一级负荷双电源停电的情况下，如何利用其他所（发电机）进行供电。
本作业指导书适用于高铁电力配电所一级负荷停电的倒闸作业。
2. 规范性文件
（1）《铁路电力管理规则》和《铁路电力安全工作规程》（铁运〔1999〕103号）。
（2）《广铁（集团）公司高速铁路电力设备停送电管理办法（试行）》（广机发〔2010〕275号）。
（3）《广铁（集团）公司高速铁路电力设备运行管理办法（试行）》（广机发〔2010〕271号）。
（4）《广铁（集团）公司高速铁路电力设备故障应急抢修管理办法（试行）》（广机发〔2010〕280号）。
（5）《武广高铁车站柴油发电机组管理办法（试行）》（机函〔2010〕242号）。
（6）《广州供电段高速（城际）铁路电力运行、检修管理办法（暂行）》（广供高技发〔2011〕71号）。
3. 作业目的
（1）本所两路电源（或单电源）因故障或特殊情况造成无电。
（2）临近本所的南、北两所中的其中有一所同时发生与本所同样情况，或中间因箱变故障而无法供电到本所。
（3）本所无柴油发电机或不能正常工作。需三种情况同时发生时启动本程序。
（4）所内任意一路电源停电，单母线运行操作程序，一路电源正常，另一路电源来电，单母线分段运行操作程
（5）两路电源均停电，低压屏4-7QF不自动切换时操作程序
4. 作业程序
（1）配电所两路电源停电故障。

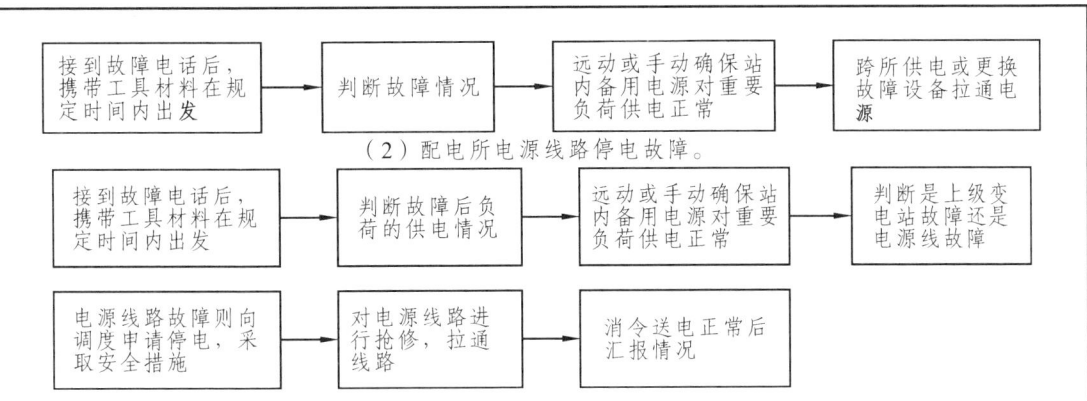

（2）配电所电源线路停电故障。

（3）B所两路电源无电，A所因故障无法向B所供电，A—B区间无电，C所电源跨B所向A—B区间供电。

（4）B所两路电源无电，C所故障无法向B所供电，B—C区间无电，A所电源跨B所向B—C区间供电。

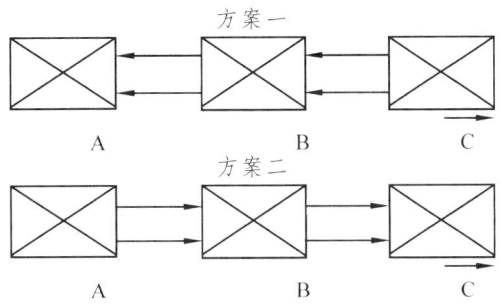

5．作业内容与要求

（1）确认本所电源短时间无法恢复，向调度车间汇报，与武汉电调或集团电调（以下简称高铁电力调度）申请跨所供电。

（2）明确判断供电电源方向，以上图方案一为例，启动跨所程序。

① 取消B所内一级、综合贯通备自投，失压跳闸保护程序。

② 断开B所电源一、电源二断路器以及电源相关互控隔离开关。

③ 断开B所母联断路器以及母联互控隔离开关。

④ 断开B所一级、综合调压变断路器以及调压变互控隔离开关。

⑤ 合上B所一级贯通北馈出，合上B所综合贯通北馈出。

⑥ 判明电压、电流正常后，合上B所一级贯通南馈出，合上B所一级贯通南馈出。

⑦ 检查B所和A所以及C所电压、电流是否正常。检查低压柜4-7QF切换是否正常，电务、通信、中心票房电源是否正常。

⑧ 向调度车间和高铁电力调度汇报启动跨所供电运行正常。

⑨ 方案二与方案一类同。判明供电电源方向后，分别合上B所一级贯通南馈出，合上B所综合贯通南馈出。

⑩ 判明电压、电流正常后合上B所一级贯通北馈出，合上B所综合贯通北馈出。

⑪ 检查B所和C所以及A所电压、电流是否正常。检查低压柜4-7QF切换是否正常，电务、通信、中心票房电源是否正常。

⑫ 向调度车间和高铁电力调度汇报启动跨所供电运行正常。

（3）在双电源停电情况下启动柴油发电机。

在得到高铁电力调度或调度车间和段主管领导的允许后，现场确认配电所电源一、电源二短时间内无法恢复供电，配电所内高压柜 3025、3045 隔离开关已断开，开始执行发电机启动程序。

① 首先检查机房高压柜 F1013D 地刀是否已分，F1013 隔离开关是否已合，F1011D 地刀、F1011 隔离开关、F101 断路器是否在分位。

② 检查柴油发电机控制面板上紧急停止开关是否在分位，按"红色"键，使发电机报警复位。

③ 按"手势"键，控制器进入"手动模式"，（泰豪机组按选择键调到手动显示）手动模式指示灯亮。

④ 按"绿色"键，起动发电机组，达到额定转数（面板查看）。

⑤ 按"向上箭头"键，查看机组参数。参数正常，等柴油发电预热运行 5 分钟后，合上 F1013 隔离开关和 F101 断路器。

⑥ 在 10 kV 高压配电室确认电压、频率、相序是否正常，向调度车间和高铁电力调度汇报，请示带负荷供电。

⑦ 试验结束和需恢复正常供电时按"红色"键，使发电机停机，若按"红色"键不起作用，则按控制面板上紧急停止开关。若两者都无法控制发电机停机时，可利用断开控制系统直流电源的方法来紧急停止发电机。停止发电后恢复配电所正常供电方式。

手动开机停机顺序图（以泰豪机组为例）如下：

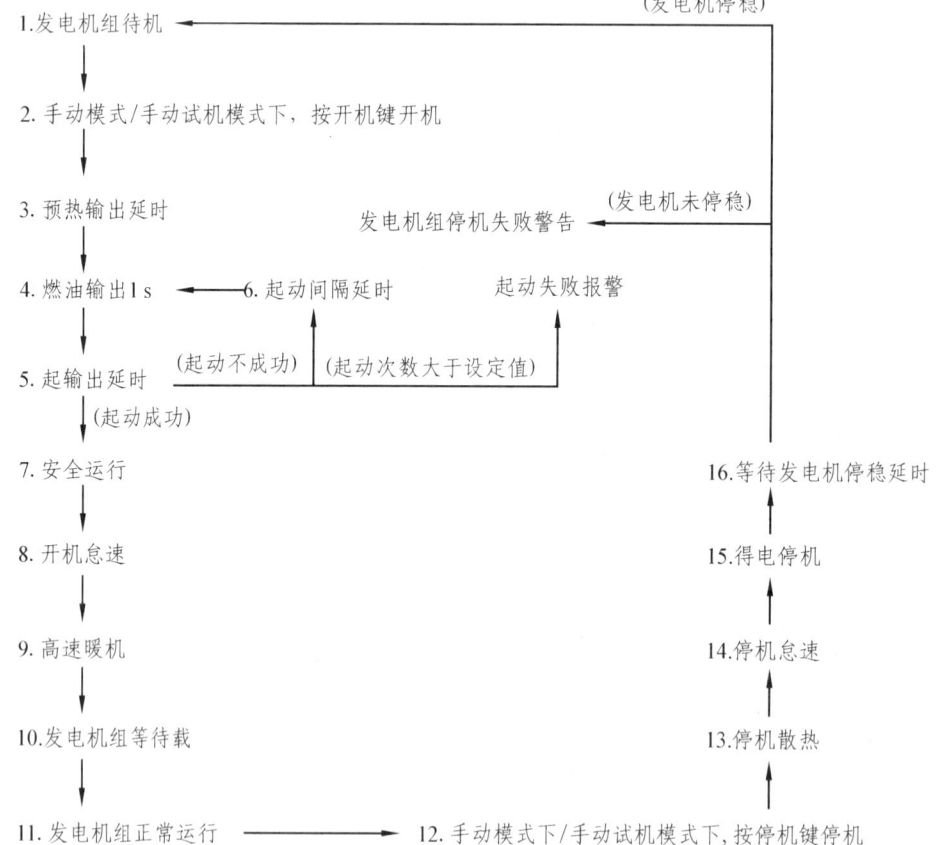

（5）两路电源均停电低压屏 4-7QF 不自动切换时操作程序。

① 全所两路电源故障停电时由临近南、北配电所环供，抢修人员必须随时观察配电所内设备运行情况，与调度车间和高铁电力调度保持信息畅通，加强重点供电设备（信号）的巡视工作。

② 当低压配电屏上 4QF、5QF、6QF、7QF 不能自动切换到环网柜备用变电源，高铁电力调度远动无法远控时，经同意后把 4QF、5QF、6QF、7QF 的遥控切换开关转置就地位，分 5QF 合 4QF 或分 7QF 合 6QF，同时操作或只操作一个程序都可以，只要两路备用电源正常。

③ 操作完后，把遥控切换开关转换至集中位，并向调度车间和高铁电力调度汇报切换情况。

④ 所内电源来电后，向高铁电力调度申请恢复正常供电方式。

 6．安全风险提示

（1）配电所操作，启动柴油发电机必须由二人以上进行，在取得调度车间和高铁电力调度或主管领导的同意后方可执行，不得单独操作，操作过程必须达到电力技术规程规定，在执行开关上悬挂标识牌。

① 在启动发电机供电时，原则上只供一级贯通线路，但在特殊情况下，制订送电方案，取得高铁电力调度同意，可供给综合贯通或站内变压器，但必须是紧急情况下的一级电源。

② 广州供电段管内的沙口配电所为单电源供电，地处比较偏僻，贯通调压变容量相对较小，非特殊情况不要利用该所跨其他大所供电。若在特殊情况下需跨所供电时，要与电务、通信等相关部门联系，考虑适当减少负荷，保证正常供电。

③ 跨所供电时，特殊情况下（如站场电梯有人被卡住，自动售票机无电不能操作等）需通过配电所调压变反送电至所内综合站变时，要先在主管领导的同意下，向高铁电力调度申请同意后方可执行，但必须退出调压变的保护，而且供电对象要符合要求，原则上反供电不得超过 30 分钟。

（2）柴油机组与机房高压柜和配电所高压柜的互联锁关系。

① 柴油机组发电与高压柜之间的闭锁关系：

柴油电机启动后，它通过机房高压柜的电压互感器采聚到电压后才能正常启动，否则为了保护发电机组一分钟后会自动停机。所以柴油发电机在启动前必须把机房高压柜的 F1013 负荷开关合上，通过高压柜上的母排让压互采聚到电压反馈给发电机组 PLC 控制器，发电机组才能正常启动。

② 机房断路器与发电机组和配电所的闭锁关系：

对于机房高压柜 F101 断路器与柴油发电机和配电所二路电源柜的闭锁关系，F101 断路器合闸的条件有三个，必须三个条件同时存在才能合闸：第一，配电所电源一柜已停电；第二，配电所电源二已停电；第三，柴油发电机正常启动，电压正常。这三个条件缺一不可。

③ 当闭锁无法解锁时（二次故障），可采用对 F101 断路器临时紧急合闸的方式合上 F101 开关，但一定要符合前者条件。紧急合闸可在 F101 断路器右下角的合闸线圈顶针向上推动置顶来解除二次闭锁，利用 F101 断路器的合闸开关进行合闸操作。

④ 夜间作业必须严格执行夜间作业劳动安全规定。

（3）高铁电力一级负荷停电抢修。

对于高铁电力一级负荷停电抢修，白天应不超过 15 分钟，夜间应不超过 20 分钟，出动时应带齐抢修机具、材料。严格执行停、送电制度，严禁约定时间停电、送电；防止误停电、误送电。

项目三 高铁电力线路设备的检修及试验

任务一 检修、试验高铁电力线路设备

程序	项目	内容	技术要求	说明事项
一、准备工作	作业前准备	1. 参加班组开工会	（1）学习上级、车间文件规定，掌握指示精神和文件要求。 （2）了解前一工作日生产、安全情况，做好安全预想。 （3）按规定着装，穿防滑鞋、戴安全帽。了解设备检修的工艺范围、检修内容和要求，了解设备的结构、地点、环境，确定工作计划。配齐备件备品及相应的辅助材料。 （4）按照检修要求，携带必要的检修工具、清洁用品（钢尺、手锤、钢丝钳、活动扳手、螺丝刀、白布、砂布、清洗、润滑液、维修停用牌等）。	
		2. 作业前工作准备	（1）检修前将电源切断并挂"维修停用"警示牌，电源开关处悬挂"禁止合闸"警示牌，确认没有电后方可进行检修作业。 （2）高于两米以上的高空作业，应戴好安全带。与机械有关的线路故障应通知机械钳工协助处理。	
二、设备检修	设备检修作业	1. 根据修程解体设备	（1）清除现场障碍物，保证安全，方便工作；工具、备品、配件应放好，不准乱扔。 （2）按照顺序有步骤地进行分解，放在一定的地点，保持清洁，必要时将分解下的部件注上记号。 （3）检查部件是否破损，作用是否良好。 （4）拆卸时做好安全监护和预想，轻拿轻放，防止零部件破损和人身伤害。	特种设备修理需有相关资质，无证无资质禁止施修。
		2. 修复或制作到限、损坏的零部件	（1）根据损坏和磨损状况，修复或重新制作零部件。 （2）磨损到限的零部件必须更换。 （3）外购零部件质量必须合格。 （4）制作零部件时，注意工、器具操作安全，防止发生人身伤害事故；制作完毕后及时清扫场地。	
		3. 组装零部件	（1）按照顺序有步骤地进行组装。 （2）组装完毕后，注意检查有无零部件遗漏。 （3）组装时做好安全监护和预想，轻拿轻放，防止零部件破损和人身伤害。	

二、设备检修	设备检修作业	4. 设备技术状态调整	调整设备电气相关参数及安全装置，保障设备工作前处于安全可靠状态。	
		5. 其他检修	（1）清洗电气零部件和设备，清除灰尘、油污、锈袍等。 （2）拆送检验到期的各种电气类仪器、仪表。 （3）检查设备绝缘状态，消除漏电现象。 （4）检查各类接地装置，符合技术要求。 （5）清扫设备场地，清除检修作业时的油污、渣屑等，保持清洁卫生。	
		6. 修复后调试设备	（1）开机前应对设备进行最后一次检查，确保能可靠运行。各零部件组装正确、稳固，作用良好。 （2）开机试运行，检查设备技术状态，并进行调整，使之处于最佳工作状态。	
三、检修完工	检修完工后作业	1. 填写记录	根据修程和施修情况，如实填写检修记录，要求内容正确无误、字迹工整、清晰、无涂改，按规定送交设备检修单。	
		2. 竣工验收	（1）会同设备使用人对设备进行验收。 （2）重要设备验收，应设备主管专业技术人员参加。 （3）验收合格后，检修人和设备使用人应同时在检修记录上签字。 （4）设备试验合格后，应切断设备电源，收回设备停用牌，设备交付使用，废旧部件应回收放在妥善地方。	
		3. 清理场地、参加完工会	（1）作业完毕后必须保持工作场地清洁，工具擦拭干净归位摆放，达到可视化管理要求。 （2）作业完毕后，参加完工会，汇报施修过程发现的问题，总结经验教训。	

任务二 高速（城际）铁路电力箱变巡检

以广铁（集团）"高速（城际）铁路电力箱变巡检"为例

1 范围
（1）本作业指导书说明了广州供电段高速（城际）铁路电力箱变巡检内容、目的及相关要求。
（2）本作业指导书适用于广州供电高铁电力箱变巡检作业。
2 规范性文件
（1）《铁路电力管理规则》和《铁路电力安全工作规程》（铁运〔1999〕103号）。
（2）《广铁（集团）公司高速铁路电力设备运行管理办法（试行）》（广机发〔2010〕271号）。
3 作业目的
（1）加强电力箱变巡检，掌握设备运行情况，及时发现设备存在的安全隐患。
4 作业程序（流程图）

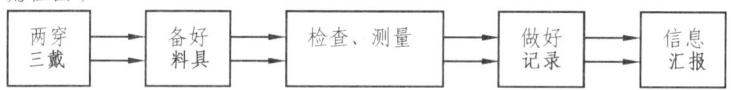

5 作业内容与要求
（1）电力箱变外观巡检。
电力箱变外观图如下：

电力箱变外观图

①电力箱变活动门。正常情况完好无损，没生锈，没掉漆，关紧。
②箱变门锁。每次巡检完毕必须锁好。
③箱变基础换气孔网栅。安装应牢固，不应有缺失。
④箱变基础。没下沉，没开裂。
（2）电力箱变高压室设备巡检。
电力箱变高压室设备图如下：

电力箱变高压室设备图

①合闸指示灯。红色指示灯亮，表示对应的负荷开关在合闸状态，工作状态红灯亮。
②分闸指示灯。绿色指示灯亮，表示对应的负荷开关在分闸状态，设备正常工作时绿灯灭。
③远方/当点指示灯。黄灯亮为当地操作，不亮为远方操作，正常工作时为远方状态。
④电动/手动转换开关。正常工作状态时箭头指向电动方向。
⑤为 SF_6 压力指示器。正常时指在绿色区域。
⑥带电显示装置，按下面板开关，线路有电时指示灯有规律闪烁。

（3）电力箱变压器室巡检。

电力箱变低压设备图如下：

打开电力箱变门后，不要靠近变压器，认真听变压器是否发出异响、仔细闻变压器是否散发焦味，观察变压器室有无积尘、小动物等。

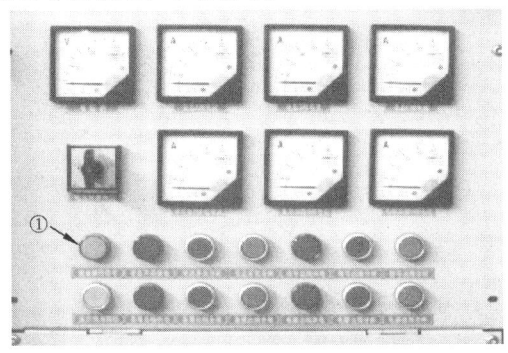

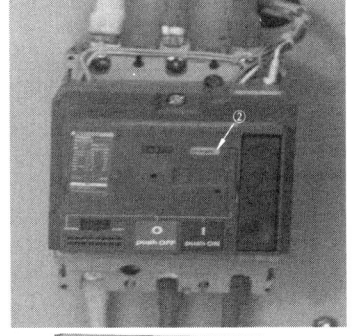

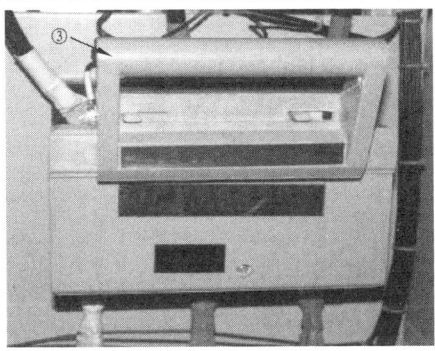

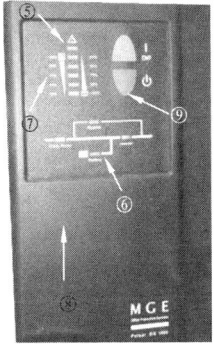

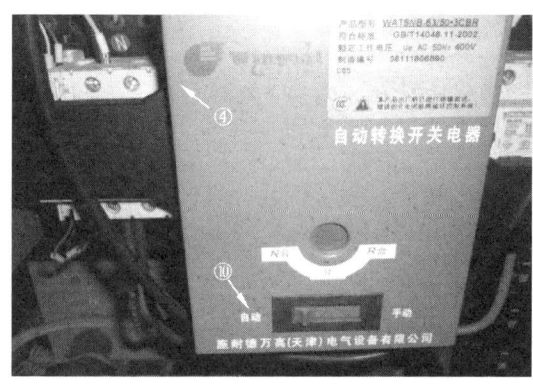
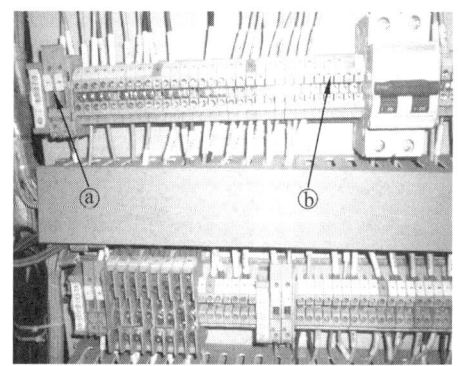

电力箱变低压设备图

（4）电力箱变低压设备巡检。

电力箱变低压设备图如下：

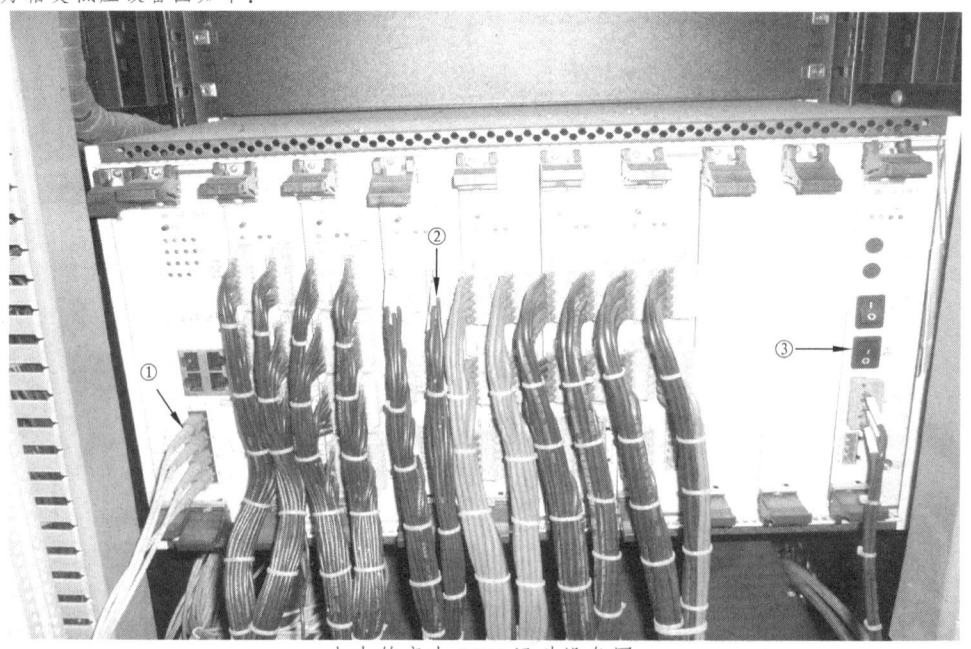

电力箱变内 RTU 远动设备图

① 远方/当点指示灯。黄灯亮为当地操作，不亮为远方操作，正常工作时为远方状态。
② 断路器手动/自动选择开关。正常工作时选择开关置于 auto 电动位。
③ 手动隔离闭锁开关。工作时为闭锁状态。
④ 400 V 出线端。巡检时应测量该处三相电流、电压。
⑤ UPS 故障灯。正常时该灯不亮。
⑥ UPS 旁路供电指示灯。
⑦ UPS 市电状态指示灯。
⑧ UPS 电池供电指示灯。
⑨ UPS 在线运行指示灯。
⑩ 双电源自动转换工作位。
⑪ 低压控制回路保险。
⑫ 低压控制回路电源开关。
⑬ 温度控制开关。正常置于 45 ℃。
⑭ 箱变排风机。检查时把温度控制器调在小于箱变室内实际温度，试验风机能否正常工作。

（5）远动设备巡检
①尾纤插头。检查没有松动。
②远动运行、收发指示灯。正常工作状态是有规律闪烁。
③远动装置电源开关。工作时在合位。

6．安全风险提示
（1）巡检人员按规定做好"两穿三戴"。
（2）保持 2 人以上共同巡检作业，且经过电力知识培训，并取得相应的电力操作合格。
（3）巡检主要工具、机具、材料：钳表、一字螺丝刀、十字螺丝刀、钢丝钳、尖嘴钳、手电筒、笔、记录本、高压熔管、控制保险。
（4）在设备巡检记录本上记录各项设备的巡检结果、数据。
（5）若发现不良情况应及时向调度车间及高铁电力调度报告。
（6）如发现危及人身、行车、设备安全的故障，巡检人员应立即向调度车间和高铁电力调度汇报，并组织人员进行处理。
（7）设备覆盖巡检每月不少于一次，相邻两次之间不多于 40 天。

项目四　隧道照明设备巡检

任务一　高速（城际）铁路隧道照明设备巡检

以广铁（集团）"高速（城际）铁路隧道照明设备巡检"为例

1　范围

本作业指导书说明了高速（城际）铁路隧道照明设备巡检作业程序、项目、内容及技术要求。

本作业指导书适用于广州供电段隧道照明巡检作业。

2　引用规范性文件

（1）《铁路电力管理规则》和《铁路电力安全工作规程》（铁运〔1999〕103号）

（2）《广铁（集团）公司高速铁路电力设备运行管理办法（试行）》（广机发〔2010〕271号）

3　作业目的

通过对隧道照明设备的巡检，掌握设备的运行情况，发现设备的缺陷和隐患，采取措施，使设备处于良好状态，并为编制检修计划提供依据。

4　作业程序（流程图）

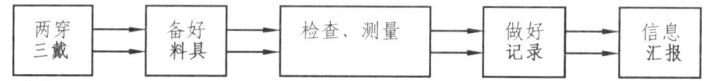

5　作业内容与要求

（1）按规定巡检设备（隧道照明灯具、隧道照明电源电缆、应急指示灯、应急启动按钮箱、接线端子箱、电源箱、控制箱、远动监控箱、EPS电源箱），综合洞室布置图如下：

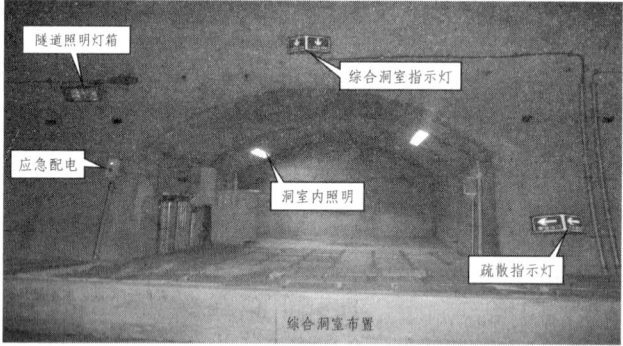

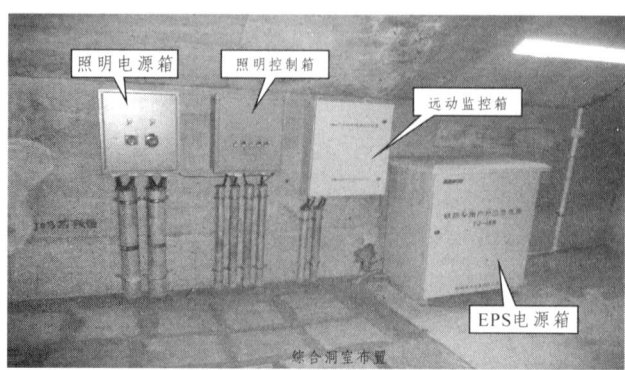

（2）隧道照明检查项目

①检查所有隧道照明灯具（包括洞室指示灯）是否牢固、有无照明故障，检查壳体是否密封结实，若松动有缝隙则拧紧密封；照明灯具固定膨胀螺丝安装是否牢固、无缺损，若松动或缺损则拧紧或更换。

②对于隧道照明电缆（含控制电缆），应检查电缆固定是否平顺，若弯曲则拉直；电缆是否放于抱箍卡子内，若未放入卡子内，则应将其放入卡子内并上紧卡子扣。

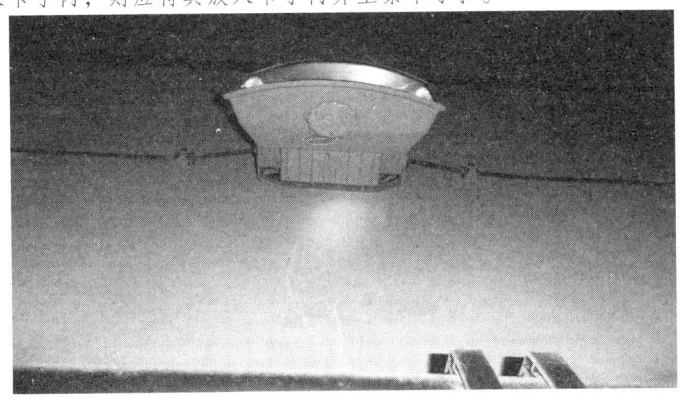

（3）应急指示灯是否牢固，灯箱有无破裂、有无照明故障；检查壳体是否完好无损，若破损则更换；灯具固定膨胀螺丝安装是否牢固、无缺损，若松动或缺损则拧紧或更换。

（4）应急启动按钮箱是否牢固、动作是否正常；检查箱体是否完好、无破损，若箱体破损则更换；面板表面五个加固螺栓是否齐全、无松动，若缺失或松动则补齐或拧紧；箱体固定膨胀螺丝安装是否牢固、无缺损，若松动或缺损则拧紧或更换。

（5）接线端子箱、电源箱、控制箱、远动监控箱、EPS电源箱。

检查各箱体是否完好无损，若箱体破损则更换；箱体面板固定螺丝是否缺失或松动，若缺失或松动则补齐或拧紧；箱体固定膨胀螺丝安装是否牢固、无缺损，若松动或缺损则拧紧或更换。柜体接地是否可靠，防鼠措施是否完好。

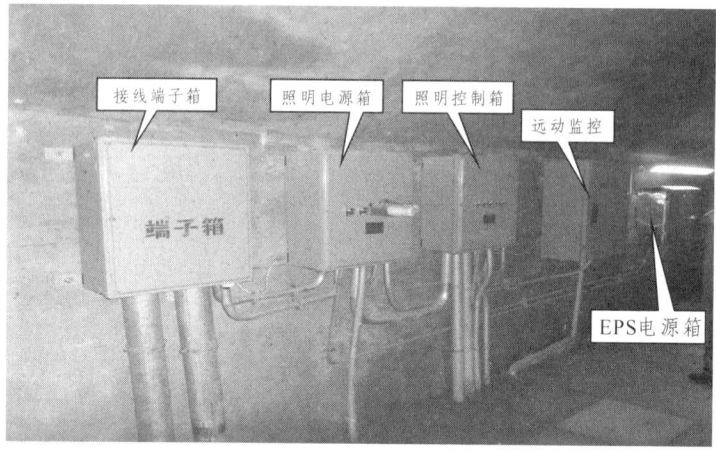

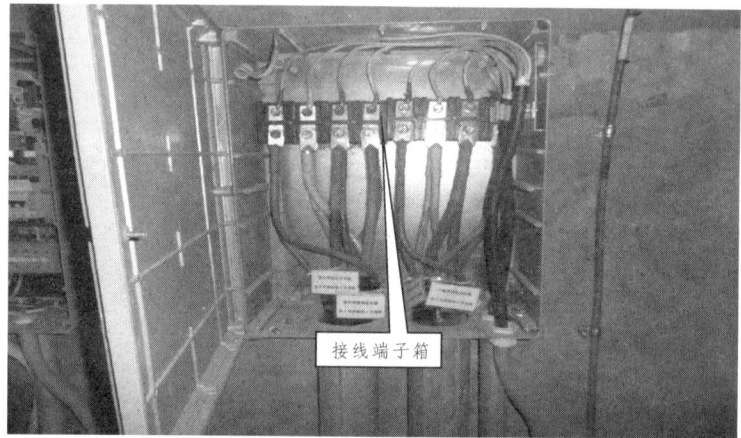

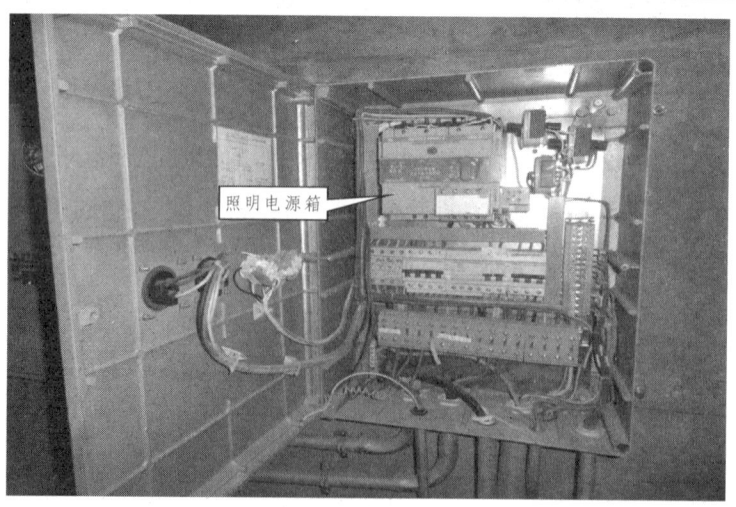

 6．安全风险提示

（1）隧道照明设备在线路封锁区段内，由管辖车间报计划在天窗时间安排人员巡检。
（2）巡检人员按规定做好"两穿三戴"。
（3）保持2人以上共同巡检作业，保持做到自控、他控、互控。
（4）巡检主要工具、机具、材料：手电筒、笔、记录本。
（5）在设备巡检记录本上记录各项设备的巡检结果、数据。
（6）若发现不良情况，应及时向调度车间及高铁电力调度报告。
（7）若发现危及人身、行车、设备安全的故障，巡检人员应立即向调度车间和高铁电力调度汇报，并组织人员进行处理。
（8）设备覆盖巡检每月不少于一次，相邻两次之间不多于40天。

情境六　触电急救

一、电　击

电击是由于电流通过人体时造成的内部器官在生理上的反应和病变。随着电流的大小不同，人体的反应也不同。如针刺感、击痛感、昏迷、心室颤动、呼吸困难或停止等现象。

电击对人体的伤害程度与通过人体电流的强度、持续时间、频率、电流通过人体的路径以及触电者的身体健康状况有关。触电事故与电流强度、电流频率、电流持续时间的关系分别如图 6.1~图 6.3 所示。

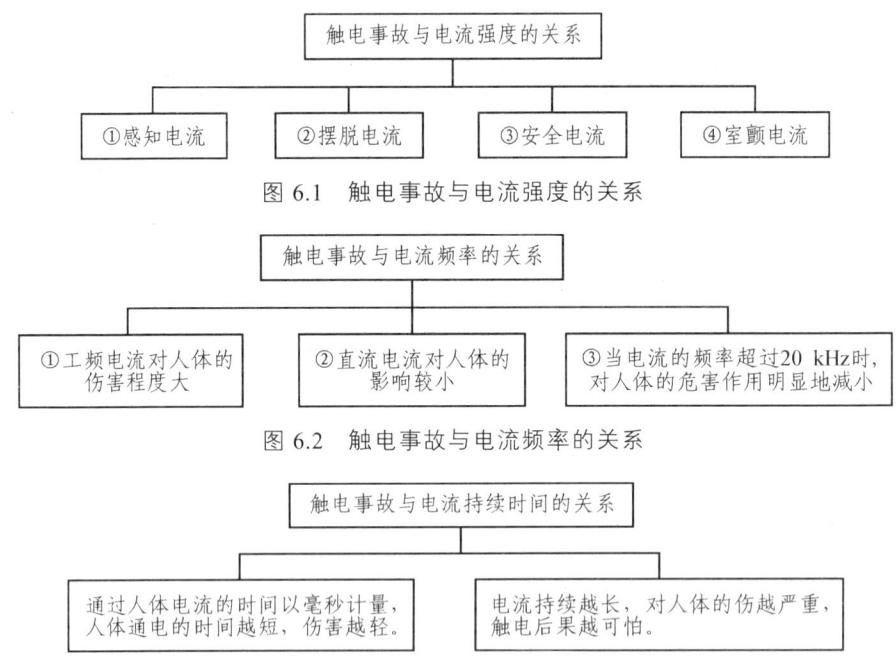

图 6.1　触电事故与电流强度的关系

图 6.2　触电事故与电流频率的关系

图 6.3　触电事故与电流持续时间的关系

（1）感知电流：能够引起人们感觉的最小电流。感知电流值因人而异。总体上成年男子感知电流平均值约为 1 mA，而成年女子约为 0.7 mA。

（2）摆脱电流：人能忍受并能自动摆脱电源的通过人体的最大电流。平均值为 10 mA。

（3）安全电流：使人不发生心室颤动的最大人体电流。在一般的场合可以取 30 mA 为安全电流，即认为 30 mA 是人体可以忍受而又无致命危险的最大电流；在高危场合应取 10 mA 为安全电流；在水中或者在高空应选 5 mA 为安全电流。

（4）致命（室颤）电流：在较短的时间内危及生命的最小电流。当通过人体的电流强度超过 50 mA，时间超过 1 s 就可能发生心室颤动和呼吸停止，即"假死"现象（正常情况下成人的心率平均值为 75 次／分钟，当发生心室颤动时心率将达 1000 次／分钟）。

二、电伤

电伤是电流通过人体时所造成的外伤。

主要表现在以下几个方面：

（1）电灼伤。

电灼伤分为接触灼伤和电弧灼伤：

① 接触灼伤。发生在高压触电事故时，电流通过人体皮肤的进、出口处造成的灼伤。一般电灼伤伤口在入口比在出口处的灼伤更加严重。

② 电弧灼伤。主要发生在误操作产生的电弧、带电作业时短路产生的电弧或人体过分的接近高压带电体产生放电电弧，极高的电弧温度将烧伤皮肤。

（2）皮肤金属化。

由于电弧的温度极高（6 000～8 000 ℃），使电弧周围的金属熔化、气化后飞溅到受伤皮肤的表层，使皮肤金属化。

（3）触电事故往往还会伴随着其他的伤害。如高空作业时引起的坠落摔伤，水中作业时引起的溺水死亡等。

三、触电方式

触电是人体触及带电体、带电体与人体之间电弧放电时，电流经过人体流入大地或是进入其他导体构成回路的现象。

常见的触电方式有两种：即直接接触触电和间接接触触电。如图 6.4 所示。

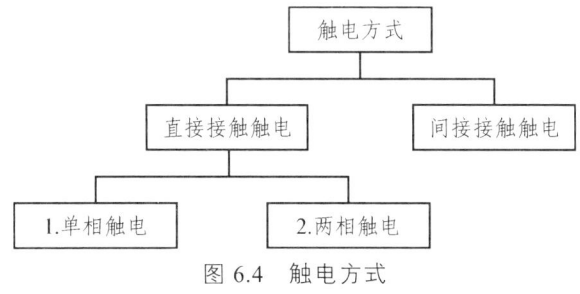

图 6.4　触电方式

（1）直接接触触电。

直接接触触电是指人体直接接触到带电体或者是人体过分地接近带电体而发生的触电现象。也称正常状态下的触电。常见的直接接触触电有单相触电和两相触电。

① 单相触电。

单相触电是指当人站在地面上，人体的某一部位触到某相火线而发生的触电现象。在低压供电系统中发生单相触电，人体所承受的电压几乎就是电源的相电压 220 V。

② 两相触电。

两相触电指人体同时接触设备或线路中的两相导体而发生的触电现象。若人体触及一相火线、一相零线，人体承受的电压为 220 V；若人体触及两根火线，则人体承受的电压为线电压380V。两相触电对人体的危害更大。

（2）间接接触触电。

间接接触触电是指人体触及正常情况下不带电的设备外壳或金属构架，而因故障意外带电发生的触电现象。也称非正常状态下的触电现象。

跨步电压触电也属于间接接触触电。

（3）接触电压与跨步电压防触电措施。

① 接触电压和跨步电压的大小与接地电流的大小、土壤电阻率、设备的接地电阻和人体位置等因素有关。

② 当人体误入电流入地点地面电位区域时，应两脚并拢或单腿跳跃，离开电位分布区 8～10 米以外。

③ 当人穿靴鞋时，人体受到的接触电压和跨步电压将大大降低。

任务一　判断触电者的生命体征

触电急救是生产经营单位所有从业人员必须掌握的一项基本技能，是电工从业的必备条件之一。当发现触电事故时，应按如下步骤操作：

第一步，使触电者迅速地脱离电源。

第二步，正确实施现场救护。

触电急救必须分秒必争，据资料表明，触电者在 3 分钟内就地实施有效急救，成活率90%以上。6 分钟后才实施急救措施，救活率仅为 10%。12 分钟后抢救，救活率几乎为 0。所以，对救护者的要求是：救护要及时，救护方法要正确。脱离低压电源的方法如图6.5所示。

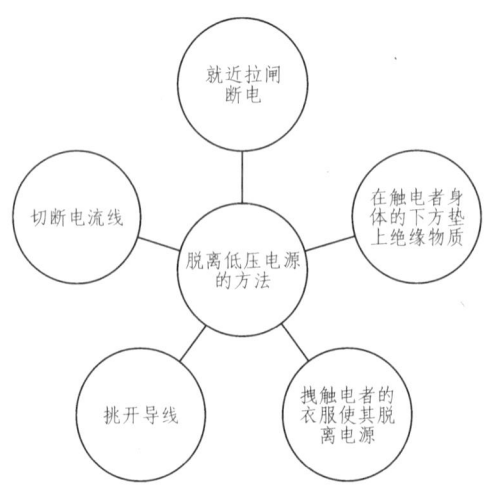

图 6.5　脱离低压电源的方法

脱离高压电源的方法如图6.6所示。

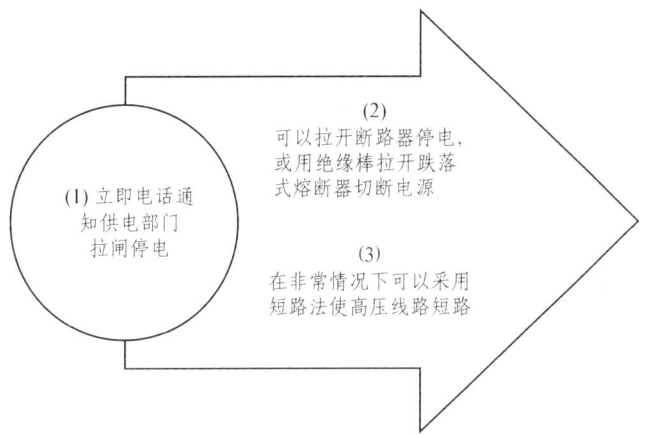

图6.6　脱离高压电源的方法

判断"假死"的表现形式如图6.7所示。

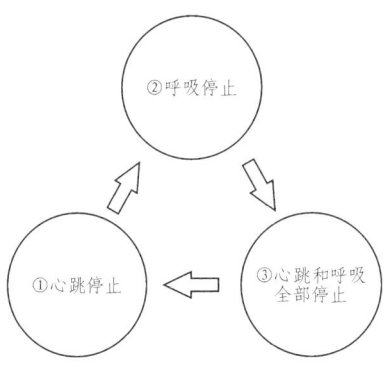

图6.7　判断"假死"的表现形式

对触电者的救护处理方法如下：

（1）病人意识清醒，但乏力、头昏、心悸、出冷汗，恶心或呕吐。此类病人应就地安静休息，以减轻心脏负担，加快恢复。

（2）病人呼吸、心跳尚在，但意识昏迷，此时应严密地观察，还要做好人工呼吸和心脏按压的准备。

（3）如经检查后，病人处于"假死"状态，则应立即针对不同类型的"假死"进行对症处理。

任务二　人工呼吸的实施

人工呼吸的目的是用人为的方法来代替肺的呼吸活动，使气体有节律地进入和排出肺部，供给体内足够的氧气，充分排出二氧化碳，维持正常的通气功能。

人工呼吸的方法有很多种，目前认为口对口人工呼吸法的效果最好。口对口人工呼吸法的操作步骤如下（见图6.8）：

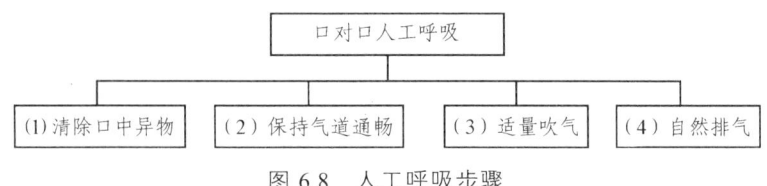

图 6.8　人工呼吸步骤

（1）清除口中异物。使病人仰卧，然后将其头偏向一侧，用手指清除口中的假牙、血块、呕吐物等，使口腔中无异物。

（2）保持气道通畅。抢救者在病人的一边，以近其头部的一手紧捏病人的鼻子，并将手掌外缘压住其额头部，另一只手托在病人的颈下，将颈部上抬或使用抬胸压头法，使其头部充分后仰 70～90°，以解除舌头下坠所致的呼吸道梗阻。

（3）口对口人工呼吸。施救者先深吸一口气，然后用嘴紧贴伤者的嘴进行大口吹气，同时观察伤者的胸部是否隆起，以确定吹气是否有效和适度。

按国际标准规定：吹气量为 500～600 ml（吹气量与病人的身体体积成正比）。

（4）自然排气。吹气停止后，施救者头稍偏转，并立即放松捏紧伤者鼻孔的手，让气体从伤者的肺部自然排出。此时应注意胸部复原的情况，倾听呼气的声音，观察有无呼吸道梗阻。

（5）坚持不懈，如此反复进行，每分钟吹气 10～12 次，即每 5～6 s 吹一次（吹气持续时间为 1 s）。

（6）口对口吹气注意事项。

①口对口吹气的压力要掌握好，刚开始时可略大一点，频率稍快一些，经 10～20 次后逐步减小压力，维持胸部轻度升起即可。对幼儿吹气时，不能捏紧鼻孔，应让其自然漏气，为了防止压力过大，损伤其肺部。

②吹气时间宜短，约占一次呼吸周期的 1/3，但也不能过短，否则影响通气效果。

③如遇牙关紧闭者，可采用口对鼻人工呼吸法，方法与口对口基本相同。此时可将伤者嘴唇紧闭，施救者对准伤者的鼻孔吹气，吹气时压力应稍大一些，时间也应稍长，以利于气体进入肺内。

任务三　胸外心脏复苏的实施

胸外心脏复苏的实施如图 6.9 所示。

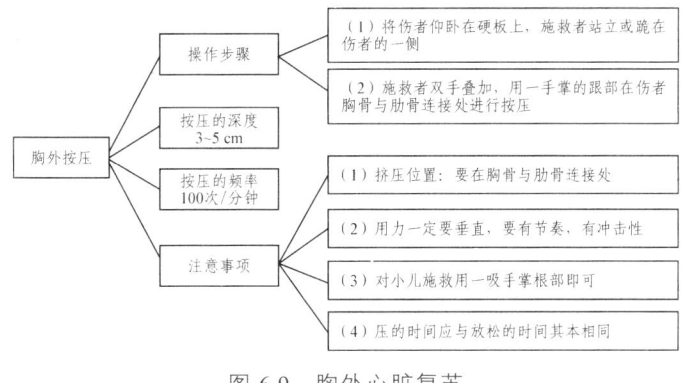

图 6.9 胸外心脏复苏

任务四　人工呼吸和胸外心脏复苏交替实施

心肺复苏法如图 6.10 所示。

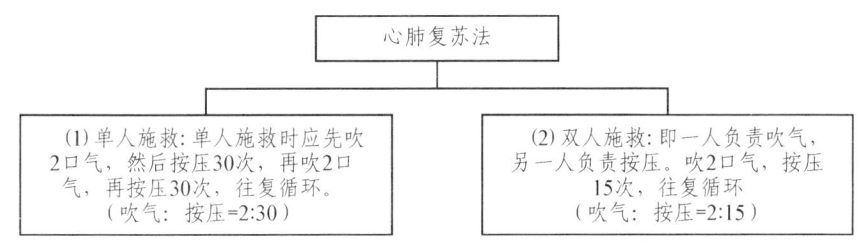

图 6.10 心肺复苏法

一、坚持到底，决不放弃

（1）按压吹气 1 分钟后，通过听、看、试的方法在 5 s 的时间内完成对伤员呼吸和心跳是否恢复地再判断。

（2）若判定颈动脉已有搏动但无呼吸，则暂停胸外按压，而再进行 2 次口对口人工呼吸，按每 5 s 吹气一次。如脉搏和呼吸都未恢复，则继续坚持用心肺复苏法抢救。

（3）在抢救过程中，需要每隔数分钟再判定一次，每次判定的时间不得超过 5~7 s。

曾经有经过近 5 个小时抢救后，触电者复活的先例。所以施救者必须坚持施救，在伤者未复活前而医生未来接替抢救前，现场抢救人员不得放弃现场抢救。

二、判断触电者死亡

触电者出现下列五个死亡现象，并经医院做出无法救治的死亡诊断后，方可停止抢救。

（1）心跳及呼吸停止；

（2）瞳孔散大，对强光无任何反应；

（3）出现尸斑；

（4）身体僵硬；

（5）血管硬化或肛门松弛。

参考文献

[1] 孟凡伦. 维修电工生产实习[M]. 北京：中国劳动出版社，1995.
[2] 杨耀灿. 配电线路及动力与照明[M]. 北京：中国铁道出版社，2004.
[3] 李光辉. 配电线路设计施工、运行与维护[M]. 北京：中国电力出版社，2007.
[4] 朱启林. 电力电缆故障测试方法与案例分析[M]. 北京：机械工业出版社，2008.
[5] 唐志珍. 电工技能晋级教程[M]. 北京：北京交通大学出版社，2012.
[6] 铁道部劳动和卫生司，铁道部运输局. 高速铁路电力线路维修岗位[M]. 北京：中国铁道出版社，2012.
[7] 中国铁路总公司劳动和卫生部，中国铁路总公司安全监督管理局. 铁路劳动安全[M]. 北京：中国铁道出版社，2013.
[8] 曹阳. 电力内外线[M]. 成都：西南交通大学出版社，2015.
[9] 黄绘. 铁道供电技术专业实训项目标准化指导书[M]. 北京：中国铁道出版社，2016.
[10] 铁路职工岗位培训教材编审委员会. 电力线路工[M]. 北京：中国铁道出版社，2017.